The Prison Planet

監獄星球

言瑞　著

推薦序

宇宙現象是奧祕的，也值得研究

現代人的日常生活離開不了科學與技術，科技是基礎科學的應用，幾百年來靠著眼見為憑的實驗，使得大部分人都崇信科學，認為科學是萬能的，可解決一切問題，但果真如此嗎？

其實科學是有其侷限的，科學的研究是狹隘的，不在追求真理，宇宙間許多現象是現今科學無法解釋的，現今仍流傳的宗教中提到許多科學無法解釋的神佛故事，這是超科學，肉眼看不到的並非不存在，靈魂是一團能量，當然看不到「輪迴轉世」超常現象，心靈感應等都是值得研究的。

事實上，今天所稱「科學」則是指自十六世紀以來，以其客觀性著稱的「新科學」。科學研究是有其時空限制，只在自設框架中進行推演、自圓其說，也就是以有限知識企圖解釋所有宇宙現象，但這是不可能的。另一方面，由於近三百年來科學的突飛猛進，為人類帶來福祉，所以很多人相信科學，但科學並非萬能，而且錯誤判斷也很多。舉三例說明：

一、火星衛星的發現

火星兩顆小衛星是在十九世紀七十年代發現的，可是在之前的一百五十年前，英國諷刺作家喬納森・斯威夫特（Jonathan Swift）以筆名執筆之小說《格列佛遊記》（Gulliver's Travels）中，書中主角除了到過大、小人國之外，也到過一個叫拉普塔的國度，當地天文學家告訴他說，火星有兩顆衛星，與火星距離分別是火星半徑的三倍及五倍，繞火星公轉周期是十小時及二十一點五小時，近代科學發現的火星衛星與火星距離分別是火星半徑的二點八倍及六點九倍，繞火星公轉周期是七點六五小時及三十點三小時，兩者差異很小，科幻小說家如何比科學家早一百多年得知這些數據，學院派科學家為何不用現代科學理論做合理解釋呢？

二、原子不生不滅論？

在正常情況下，原子似乎是不生不滅的，近代家畜飼養技術前，牛是吃草及喝水的，草的主成分是碳水化合物，所以進入牛體內的元素是以碳、氫及氧為主，但牛肉及牛乳中卻是含氮量高的蛋白質，牛不可能將空氣中氮氣行固氮，那麼氮原子如何無中生有呢？

三、恐龍與人類曾共存嗎？演化論是不變真理？

中美洲馬雅出土的古文明遺跡中有許多土偶造型是恐龍，但卻有人類騎在背上，伊卡黑石（Ica stone）也有同一情況，美國德州一條河谷旁還發現人類與三角恐龍並存的腳印遺跡，而人類認識遠古時代曾有恐龍這種生物存在不過百年，如何解釋呢？

所以面對大宇宙許多問題，大家要以寬廣心胸接納，畢竟這是科學探索，而不是偽科學或巫毒科學。

大宇宙中外星人是否存在也一直是爭議的話題，實證科學家（也就是科學狂，又稱學院派科學家）說是不存在。筆者專長是生物技術（biotechnology），但三十年前就在業餘探討外星人與UFO，有足夠證據證明外星人絕對是存在的，不僅是外星人或UFO，所以宗教、古文明、超心理現象等都是真實，而且是值得探討的課題。

筆者研究宇宙現象超過三十年，但拜讀了言瑞這本著作後相當驚訝又佩服，書中將宗教經典、古文明與近代科學發展串聯在一起探討，並且還衍生出古今中外歷史及時事、人物、政治等的討論，這樣的研究在全球華人界應該是空前，也是創舉，更增加了本書的可讀性，故樂為之序。

江晃榮序於臺灣臺北
二〇一五年九月二十七日

江晃榮

生化博士，國際知名飛碟專家，臺灣外星人研究所（http://www.netra.tw）所長，全球最大飛碟研究團體 MUFON 顧問及臺灣代表。

自序

本書內容包含科幻、宗教、歷史、政治及哲學等五大元素，目的在於能完整敘述人生與這星球的實相，缺一不可。

科幻的部分，我以《Alien Interview》這本書做為思想跳板。讀者不用刻意的去翻閱這本書的原著，其思想精髓，我已寫在本書當中。

本人只是用一般研究外星人的觀點來作為開端。宇宙浩瀚，如單單以地球的觀點來形容這世界的實相，會有困難。

試著站在外星文明的立場，用第三人稱的觀點來闡述某一些事實，較容易描繪出地球文明荒謬的一面。

宗教：是人類文明中一開始的哲學及人文思想。為苦短的人生下一個注解。就以世界前三大宗教來說，前兩大宗教：基督教與伊斯蘭教，其所信仰的方式與觀念大致相同。而第三大的佛教，又是一種截然不同的觀念。根據這些宗教經典的記載，互相比較可看出一些端倪。

歷史：人類社會中已經發生的事，結果論。對照歷史事件與上帝在宗教經典中所敘述的法則有何差異，進而推斷出宗教經典的真實性。

宗教經典《聖經》、《古蘭經》是隨便寫寫的呢?還是真有神靈的力量參與其中？

政治：乃眾人之事，對於大部分人的生活而言息息相關，是決定歷史的現在進行式。只有無知的蠢人才會自以為置身度外。

政治上的決策可影響至將來，本書中假設：上帝是存在的，其運行於人類未來的大方向就是靠政治力決定的。

哲學：撇開宗教的神鬼妄語，就事論事。將宗教經典中神的旨令拿掉，剩下的就是一些哲學思想與人文規範。本書將一一解析這些思想及規範的合理性，以此反推回制訂此規範之神靈的本質。並對照歷史事件，來確認經典中的規範是真有其力，還是隨便說說，騙騙教徒的謊言。

結合上述的這五大要素，勾勒出這個星球的實相，將對比出人生與靈魂的實際狀態。或許有智慧的人看到本人的著作，可以另闢一條屬於個人或大眾的人生大道。

目錄

第一章

前言

我拖著疲憊的身軀沿著溪谷走，是冷是熱，大概是太累的關係已經沒感覺了。走到溪谷較開闊的地方，沒有樹蔭遮蔽，頓時變得很亮，那種蒼白的亮。我很累了！抬頭看著太陽，那不是很刺眼，卻蒼白的太陽。

我累得跪下來向上帝禱告，就是向那老天爺，阿拉真主，全能的神禱告。我不加思索的乞求神，禱告完後我起身抬頭看著太陽。

那日光蒼白淒厲，一點也感覺不到溫暖，反倒有一點寒意。

一、《舊約聖經》寫道：雅各與神摔角得勝，但卻被神一摸就瘸了。請直接了當的看待這件事，這「神」的個性如何？真是正人君子嗎？

二、《舊約聖經》記載：那時，天下人的口音言語都是一樣。他們說：「來吧，我們要建造一座城和一座塔，塔頂通天，為要傳揚我們的名，免得我們分散在全地上。」

耶和華降臨，要看看世人所建造的城和塔。耶和華說：「看哪！他們成為一樣的人民，都是一樣的言語，如今既做起這事來，以後他們所要做的事就沒有不成就的了。」

我們下去，在那裡變亂他們的口音，使他們的言語彼此不通。於是，耶和華使他們從那裡分散在全地上，他們就停工不造那城了。因為耶和華在那裡變亂天下人的言語，使眾人分散在全地上，所以那城名叫巴別（註：就是「變亂」的意思）。

由以上經文可知，掌管這地球的老天爺，不希望人類團結，因人一旦不分你我的團結起來，其力量所成就之事，是上帝所不悅的。

團結力量大，所成就之事比如說：科技與工業將進展神速，地球人的文明史不會大多耗在戰爭上。但為何上帝會將人分散，努力使其不團結，並要互相爭戰呢？如你老是認為天父是慈愛的，那你將百思不得其解。

當基督教傳遍歐洲後的不久（約一百年），歐洲便進入了長達近千年的黑暗時代。有人會怪罪是匈奴王阿提拉幹的好事，但他不就是上帝之鞭嗎？難道上帝沒幫他嗎？

直到十六、十七世紀文藝復興。請注意「文藝復興」的「起點」就是對當時「教會」的質疑。有了文藝復興，才有後來的工業革命。有了工業革命，人類近兩百年來的科技發展突飛猛進，勝過之前的數千年。

三、山中老人……乃中古世紀伊斯蘭教暗殺組織，到後來發展成像一個國家一樣強大。最後遇到成吉思汗的蒙古大軍，才被消滅。

是什麼樣的宗教思維會產生如此的組織？《古蘭經》的思維必定有大漏洞，才可讓如此病態的組織得以發展數世紀，一直到今天。

山中老人招募刺客的方式非常可笑，他們會讓男性青年刺客享受美酒佳肴，醉後與美女終日琴瑟歌舞，如同仙境一般。

「縱其慾數日，復置故處。既醒，問其所見，教之能刺客，死則享福如此。」這……根本就是運用男性精蟲衝腦的衝動及欲望來達成私人目的。一直到二十一世紀的今天，伊斯蘭教的恐怖組織仍然用此方法來招募愚蠢的敢死隊。

四、基督教、猶太教與伊斯蘭教（又稱回教）本同一源，都視亞伯拉罕的神為獨一真神。但這神凡事說得不清不楚，亂立先知，真中帶假，刻意造成分歧。

其個性在變亂天下人的言語之時，已表露無遺……祂不希望人類團結，祂要造成人類間的鬥爭，以免人類有時間去了解並發現自我，或感受到「上帝」的真面目——邪與暴！

請檢視一般老百姓的生活，就是「朝九晚五」還要帶小孩，還得煩惱工作及一些無意義鎖碎的事。所謂「靈性的發展」根本不可能。

教會是最講求「靈性發展」的組織，但請檢視一下一般老百姓的教會生活——白天工作，成家立業，養兒育女，唯一的空閒時間還要上教會做禮拜。

禮拜的內容不外乎就是敬拜讚美等等一連串類似集體催眠的儀式，哪裡來的靈性成長？有時還得做教會裡的事工，哪有空閒時間靜下心來，連心都靜不下來！何來靈性成長？這種不斷做、不斷忙的生活，不就是奴隸嗎？不管哪一個教會的詩歌一定有這一首「我願意順服」，是把人當奴隸嗎？

《聖經》上說：「凡世上的領導者，都是上帝所揀選的，你們要尊重他。」《但以理書》4:37：耶和華坐著為王，直到永遠，祂是全地的主，祂要興起誰、誰就被高舉。

他叫有權柄的失位，叫卑賤的升高；一切的權柄都在祂的手中，祂要給誰，就給誰！

看看這世界的領導者，除了歐美日等先進國家外，幾乎沒幾個好東西。

上帝為何要揀選這些人來領導我們呢？再看看資本主義社會中的成功企業家，我敢負責任的說，八成以上是奸邪之人，好東西沒幾個。

我們都在現實生活中掙扎求生，但就是有小人得志。少數能站上高位的人，除了本身的努力之外，運氣真的占了很重要的角色。我很負責任的說：八成以上的成功企業家是奸邪之人，不可否認的，上帝給了他們很好的運氣，上帝幫助他們成功，好讓他們可以壓榨更多的人，奴役更多的勞工。讓我們為生活精疲力盡，沒有多餘時間去思考。我們的腦力就是浪費在每日的繁忙生活中，老天爺藉著這些奸邪之人來奴役我們。

五、所謂的上帝、老天爺、阿拉真主，真的是全能的神嗎？真是獨一的嗎？真是創造宇宙的主嗎？

耶穌曾說過：「凡靠主名求的必求著，如求不著，便是你妄求。」這又是一句真中帶假，若有似無的屁話。

每個人都有其目標希望，教會中的人也是。一群人裡總一定是有人成功有人失敗。如果教會中有人成就了自己的目標，那他就會上臺做見證。

失敗了通常就＃％＆＋＊（無言以對），耶穌用最基本的機率問題來套住信仰祂的人，不管禱告有沒有靈驗，你都要信祂，夠詐吧!?

以上五要點，可大略的瞭解到所謂的上帝、老天爺、阿拉真主，其私底下真正的性格。

美國羅斯威爾飛碟墜毀事件及相關研究幽浮（外星文明）文化裡，都共同指出同一件道理——外星人並不怕死！或將生死看得很開。

就像佛家說：身體不過就是個臭皮囊，就是四大假合。精神若經過適當的修煉，早晚會拋下這個臭皮囊而高飛到精神界去（詳敘可參閱網路）。

而且祂們瞧不起地球人所謂的上帝、老天爺！

《Alien Interview》這本書的內容是根據 Matilda O'Donnell Mac Elroy 個人自述和一九四七年羅斯威爾飛碟墜毀事件中，與外星人的會談記錄（詳敘可參閱網路）。

不論《Alien Interview》這本書是小說還是真正的機密資料，至少有一些觀念如下：

一、宇宙中真正的高度文明，是由靈魂建立的，不是由生物所建立的。像地球人這種生物體，由於受到種種限制（如人體所能忍受速度的限制、維生系統），想在太空中發展出高度文明是不可能的事。

二、靈魂不滅。那些小灰人的軀體不過是一種「靈魂載具」，只是用來方便駕駛飛碟，或在地球上方便採樣用的。只有出任務時，才會讓自己的靈魂進入到小灰人這種「靈魂載具」裡，平常則是以靈魂的形態來生活、旅行。

三、靈魂啟於知覺（本書中所說的「現在成為者」（is-be），因為，一個不朽的生命最初的天性，是生活在永恆的狀態──「現在」（is），而唯一使他們如此存在的理由，是他們決定去──「成為」（be）。）且每一個靈魂（包括地球上的）或多或少都有參與宇宙的形成。──每個人都是上帝。

就像耶穌在《聖經》上所說的〈約翰福音〉10:34：「你們的律法上豈不是寫著『我曾說你們是神』嗎？」更進一步的說法是「每個人都是神（上帝）」。

由第二、三點可知，高度文明的外星世界，其成員的生存狀態，有點像是佛家說的「不生不滅」。

佛陀認為人的靈魂是不生不滅的，這麼說來，天父根本不是創造我們的神，而是囚禁我們的靈。

四、《Alien Interview》這本書寫了很多關於人類神話或歷史故事的傳說皆不可考，只能用邏輯常識去推論。

但有一點是跟近代的電學之父尼古拉・特斯拉 Nikola Tesla 有關。書中描述「特斯拉」是祂們的高階軍官，自願來到地球當人類，幫助地球人。

特斯拉對物理學的見解和牛頓一起被歸類於「古典物理」學派，而已愛因斯坦為首的那一群新興物理學者，則是「近代物理學派」，兩學派最大的不同點在於對「以太 ether」這種介質的見解。

「近代物理學派」否認有「以太 ether」這種介質的存在，使得很多物理現象得以推論出來，並得到解釋。

「古典物理學派」認定有「以太 ether」這種介質的存在，使的得很多數學式變得更複雜，不好解釋物理現象。

但特斯拉宣稱他的著作《引力的動態理論》在任何細節中都運作得完美無瑕，就在他的著作裡。

但他大部分的著作在死後都被美國政府沒收了，他的著作一定比「相對論」重要太多了，否則美國政府不會有這麼大的動作，沒收並封鎖特斯拉的著作。

在新聞圈裡的傳聞一直認為，美國的科技會如此發達，並不斷創新，是因為羅斯威爾飛碟墜毀事件，美國有拿到飛碟殘骸所致。

事實上，飛碟墜毀的傳聞，前蘇聯也有發生過。我認為那些都是小菜。真正的寶藏是特斯拉的著作《引力的動態理論》。

五、地球只是監獄，不是家。人生在世，最好是能活久一點，因人死了，其靈魂會被追捕，一種會產生各種幻象的電子捕捉器，會先引誘後追捕靈魂。

一旦被捕捉後，靈魂會被虐待，最後受到強力電擊後失去靈魂的記憶和能力（類似東方傳說喝下孟婆湯，就忘了前世的一切），再來就是投胎再次成為一個生物。

祂們所說的不就是各地傳統文化裡所說的輪迴嗎？把輪迴看成一個系統如何？書中描述「輪迴系統」並不是宇宙中的常態，那只是太空中少數高度文明用來囚禁靈魂的一種手段罷了！我們所有地球的生物不過就是一群被囚禁的靈魂罷了。

地球人怕死，打從心底（潛意識）就怕。為何？因死亡後的世界真的可怕！

西方的宗教描述死亡的世界：信主的好人上天堂；不信主的壞人下地獄或被丟入火湖中接受永恆的刑罰，等等。

美國搖滾歌手瑪麗蓮・曼森曾說過：「基督教是用『恐嚇』來使人來信仰祂的。」事實上，東方的主流宗教觀也好不到哪裡去。

東方的宗教描述死亡的世界：地獄、輪迴。投胎前還有各式恐怖、變態的刑罰，閻羅王信仰及文化等等。最令人受不了的是：每當人生陷入困境，到廟宇尋求幫助時，所得到的答案總是：「這是你前世造的業，要用今生來還。」

Hey！我已經忘記前世的一切了！我已經不是那個我了！況且如真有地獄的話，我也已受到該有的懲罰了，為何還有罪？為何今生還要還債？這個地球總是有一股力量在編出一堆理由來虐待、奴役人們，是吧!?

總之，這些東西方主流宗教文化的思維就是將人的生死觀陷入在「二元對立」裡面。

「天堂」與「地獄」對立。

「好」與「壞」對立。

「享樂」與「受罰」對立。

「善良」與「邪惡」對立。

「天使」與「魔鬼」對立。

「信」與「不信」對立。

「前世」與「今生」對立。

佛教的最終目的就是「超脫」。擺脫輪迴，成佛。當個自由自在的靈魂，悠遊在這個宇宙中。

但大部分的佛教界人士卻將「二元對立」這種狹隘的觀念注入到佛教的教義當中。可能是這樣比較好理解吧？也可能是這樣比較容易讓人理解？

信徒多了，金錢來源自然也就多了。

所謂的善有善報，惡有惡報，這是宇宙中正常的高度文明運行的方式之一。但！地球不是高度文明，也不正常。

不要以為在世時是個好人，做了很多好事就可上天堂，也不要以為惡人必有報應！

老天爺要的只是順服；要的是全心全意的讚美；祂不願人類有自己的想法，不論這想法是有益的，或是邪惡的，祂都視為敵人（敵基督）。

這就是為何以信仰上帝為主的「基督教」和「伊斯蘭教」會把其他宗教視為異端，不問青紅皂白。

《聖經》上〈創世紀〉所述：耶和華所揀選的選民「以色列人」不就是埃及的奴隸嗎？聽到我這句話先不要用「對」或「錯」來評錀，因一旦你評論得出結果後，你就停止思考了，你的思考將停留在「你所評論出來的結果上」。

我們用旁觀者的角度來看這故事：耶和華揀選奴隸來當自己的選民，觀念是什麼？奴隸生活很苦，如有一絲希望他們也會捉著不放。

奴隸被揀選出來成為神的子民，那種榮耀和奴隸生活反差極大！很容易讓人昏頭，也就信了，也就順服了，肉體上的奴役也許少了一點，但靈魂呢？卻成為耶和華的奴隸。因他們凡事靠上帝，唯一的渴望就是死後可以上天堂，也就是伊斯蘭教徒所說的「天家」！

他們思考的結果出來了！他們的思考也停留在這結果上！於是他們停止了靈魂的思緒，真正的成為奴隸。

二次世界大戰，所有的獨裁者、政治上的屠夫，希特勒也好；墨索里尼也罷！這些人或政權皆不得以善終。但！只有一個例外！那就是蔣介石政權所領導的「中國國民黨」。這個邪惡的政黨特別得到上帝的眷顧！

《Alien Interview》這本書常提到，地球上重大的歷史事件或多或少都有地外文明介入，如一次世界大戰被槍殺的奧匈帝國王儲，是外星靈附身在王儲身上，被地球的「老天爺」這股勢力給謀殺了等等。

其故事聽起來根本無從考證。但請研究一下臺灣的近代史，就可發覺有時歷史實在荒誕。其不合理的程度，現在看來就如同有一股勢力在操作一般。

二次世界大戰，日本降書承諾要實行《波茨坦宣言》，《波茨坦宣言》承諾要實行《開羅宣言》。中美英蘇日等國已經是批准、接受、贊同或加入《開羅宣言》了！中間經過許多曲折離奇的事，總之，美國政府默許了蔣介石政權根據聯合國最高司令「麥克阿瑟」將軍的指令，接管臺灣，整件事是在小羅斯福總統晚年時定案的。

請注意小羅斯福總統晚年的照片，已是風中殘燭，老糊塗了！即使是杜魯門總統都對將臺灣這個已開化文明的大島，送給野蠻殘暴，卻又對二戰貢獻不多的「中國國民黨」感到憤怒與不解。

中日戰爭之前，蔣介石未曾料到臺灣會被中國接管，甚至他還援引過去孫文的談話，將臺灣和朝鮮相提並論，贊成朝鮮和臺灣兩地的人民能恢復獨立自主。（一九三八年四月一日，在中國國民黨臨時全國代表大會演說）因此當大戰接近尾聲，而接管臺灣頓成定局之時，他們才成立一個「臺灣調查委員會」（一九四四年四月十七日成立，隸屬於國防最高委員會），試圖多了解一點臺灣，以為接管之準備。

臺灣對蔣氏政權來說真是天上掉下來的禮物啊！蔣宋美齡是基督徒，這真是上帝的眷顧啊！哈利路亞！

當時蔣氏政權的殘兵敗將有幾個地方可去，泰國、緬甸與中國交界的「金三角」、「越南北部」、「海南島」。這幾個地方除了越南是法國殖民地外，其他地方還停留在十八、十九世紀。越南是他們最好的去處，但越南的領導人可不是奴才或白痴啊！一付要反抗的樣子！蔣氏政權的殘兵敗將哪敢去啊？

還好老天爺眷顧他們！將美國政客弄得糊裡糊塗的，將臺灣給了他們！蔣氏政權來到臺灣後，就發生二二八屠殺事件及後來持續很長一段時間的白色恐怖。

二二八受難者吳鴻麒，中壢市人，父吳榮棣為清帝國秀才。一九一三年公學校畢業，取得書房教員資格，後進入臺灣總督府國語學校師範部就讀，一九二五年再轉入日本大學專門部法科深造，於一九二八年七月畢業。一九三〇年通過日本高等文官司法科試驗，取得辯護士（律師）資格。

次年十月回臺，在臺北建成町開業，並加入臺北辯護士會，後又先後獲選該會之委員、副會長等職。

一九四五年八月日本戰敗，宣布無條件投降，國民政府接收臺灣。吳鴻麒以曾在上海所學，熱心教導民眾學習「國語」（北京話）、「國歌」，可見他原本對國民黨並無敵意。

同年十月九日出任臺北地方法院推事，調至高等法院辦公，並參與法院接收工作。一九四六年一月十七日，被任命為中校戰犯審判官，負責審理臺灣總督安藤利吉及參謀長諫山春樹等戰犯。

一九四七年二二八事件爆發後，吳鴻麒曾外出探視受傷同仁，並以二二八事件處理委員會法院組身分，出席兩次會議，隨後未再參加任何活動。只可惜為時已晚，之前出席的公開場合，早就讓他被盯上。

三月八日，整編二十一師抵達臺灣，律師界菁英如林桂端、李瑞漢、李瑞峰、林連宗等人相繼被捉失蹤，吳鴻麒曾試圖奔走調查，但均無結果。

這二十一師擺明了就是要來殺人的，只可惜法界出身的這群人沒想到中國國民黨的軍隊，是一群目無法紀的野蠻人，一被他們逮到，就必死無疑。

三月十二日，吳鴻麒照常至高等法院上班，下午三時左右，突有兩名不明便衣人士無證進入法院，以「柯（遠芬）參謀長請去談話」為由，強行帶走吳鴻麒。心有所備的吳鴻麒在臨行前，匆匆以日文寫下便條留在桌上：「今日終於被檢舉了，身上帶有充足的錢，不必再送來，自行車請工友送回家」，從此一去未歸，音訊全無。

三月十七日，吳妻楊○治獲知臺北南港橋下有八具屍體，乃前往認屍，終於尋獲吳鴻麒的遺體。恐怖氣氛下，人人自危，高官至親竟也不敢挺身出面幫忙。

次日，楊〇治費盡辦法，求得母舅將丈夫遺體運回；並堅持請醫師到場驗屍，且照相留下屍體全貌存證。（吳的照片，雙眼未合上，反而瞪大）

據當時的驗屍發現，吳鴻麒生前遭受凌虐，頭部左額有槍傷，顏面受擦傷數位，頸部有麻繩緊縛之跡，皮破出血，衣褲破損，血跡甚多，臍下部及兩足股皆被打傷，積血呈黑紅色，睪丸破。」皮包、懷錶、現金都不翼而飛，僅遺體衣袋內，留存一張有指甲押刻「王」字痕跡的名片，只是「王」字所指，是恩？是仇？始終成謎。

一九四七年三月十九日，在低調而沈寂的氣氛中，吳鴻麒遺體下葬市郊下內埔公墓，年四十九歲，留下寡妻與一對年幼子女。死者已矣，存者的苦難才要開始。扶孤生活，苦痛無告，憑靠《聖經》「申冤在我，我必報應」的信念，支撐著楊〇治行過人生的死蔭幽谷。但如果知道就是上帝出賣他們的呢？

耶穌曾說過類似的話：人在世時就行不義了，死後如何公義？那我要反問祂「上帝在平時就大行不義了，那如何在末日審判時主持公義？」

臺灣著名詩人、小說家吳濁流先生（一九〇〇年六月二日～一九七六年十月七日），本名吳建田，生於新竹縣新埔鎮。以《亞細亞的孤兒》、《臺灣連翹》等長篇社會批判小說聞名。他曾舉出中國大陸那片土地上所曾發生的「尼港事件」與「通州事件」為例子，來說明臺灣人是全世界最善良的人們。

「尼港事件」與「通州事件」就是典型的報復事件，當時中國人認為日本人侵犯了中國，於是將怒氣轉嫁到在中國生活的日本民眾身上，多數殘殺少數，這事在全球各地的歷史上不斷上演。但唯獨在臺灣例外！日本戰敗後，失去對臺控制權，也沒聽說過日本民眾遭到集體屠殺，反而大多安安穩穩的回去日本。為何？那是因為臺灣人的本質就是比全球各地大多數的民族還要善良，就算有少數人較暴力，也是不成氣候，臺灣人所創造出來的大環境，不會產生「屠殺異族」或「報復殖民者」這種事。

那上帝是如何對待善良的臺灣人民呢？祂！又是如何的眷顧邪惡的蔣氏政權呢？中國國民黨最大的挫敗，就是輸給比他們更邪惡的中國共產黨。

上帝耶和華的邏輯，您現在懂了吧！

國民黨來臺後產生的禍害，可不是只有草菅人命或殘害人權那麼簡單。

上帝眷顧這個不負責任的政權來臺，一定有其目的：太平洋火環帶上的二十三萬顆廣島原子彈份量的核分裂生成物的輻射物質！

臺灣位處於地震頻繁的太平洋火環帶上，國民黨政權起初為了發展及取得核武原料，以經濟發展為名義，蓋了三座核電廠。

這三座核電廠運行到二〇一二年底時，已經產生了二十三萬公斤高濃度核燃料棒了。如果保存上出了問題，有可能產生連鎖核反應，給人類帶來一場浩劫。

那後來的國民黨政權，為何還是堅持走核能政策呢？答案就是：任何工程只要牽扯到核安，其延伸出來的利益是一般工程的十倍以上。

如果有能力去查核電廠中下游所有的承包商，你就可以發現，這些包商或多或少都和國民黨高層所掌控的黨營事業有關，甚至和國民黨的政客有直接的利害關係。

一個原本殘暴的政權能吸收哪一種人才呢？什麼樣的人會成為這個政權的繼承者呢？除了被意識型態衝昏頭的傻仔外，就是「既得利益者」了！

以發展核電來拼國家的經濟是假，拼國民黨政客的利益是真。

看看全世界有哪一個政權會在技術不足（日本核能技術遠勝臺灣）又不發展核武的前提下，將二十三萬顆廣島原子彈份量的核分裂生成物的輻射物質，置於太平洋火環帶上呢？

這個舉動小則臺灣人亡國滅種，大則末世降臨，全人類一生懸命，這難道是上帝的旨意？

美國政府當年不顧臺灣人的死活，將臺灣讓國民黨政權來接收。現在太平洋火環帶上有了這二十三萬公斤的核燃料輻射物！美國絕對無法置身度外！

上帝如果可以保祐臺灣有核電廠的地方不發生超大地震，那也許不會影響到美國，頂多只是善良的臺灣人亡國滅種而已，那假如耶和華（阿拉）不是上帝，也可以說耶和華（阿拉）沒那個能力來保祐，或是耶穌根本不是救世主的話！全球人類一生懸命，美國人一定會付出代價：跟著臺灣人及全人類一起死。或是環境被輻射污染，生活變得惡劣。核災後殘存下來的人類，其後代會如何呢？

會產生畸型兒是眾所皆知的事，但就算不畸型好手好腳的，在高輻射環境之下所出生成長的人類小孩，智商會偏低。當全人類又變成笨蛋後，我們所能做的靈性活動，大概就只剩下「敬拜讚美」、「哈利路亞」等等一連串類似集體催眠的儀式，因為那不用想太多，就跟奴隸一樣。

從遠古時代的變亂人類口音，到近代扶持一些邪惡政權來看上帝的本質，祂不願見到人類文明快速發展，因發展到一定成果後，地球人類文明與其統治階級——上帝的距離拉近了，這對於心胸狹窄的神靈而言是一種威脅。

天父並不慈愛，祂會無所不用其極的拖累人類文明的進展，甚至毀滅。不管是基督教也好，伊斯蘭教也好，其經典的最終回，就是世界末日。

這過程中帶給人類的痛苦，神不但不憐憫還樂在其中，我在往後的章節會一一為您解說。

第二章

論魔鬼

美國好萊塢所出品的一些恐怖片，有些是關於「邪靈附身的」，如《大法師（The Exorcist）》，這類的影片。內容大概就是人被惡魔附身，教會神父出面驅魔之類的題材。像這類虛構出來的故事，都會有一個結論出來。而觀眾們的思考活動就會隨著電影給我們的結局而停止，或思緒只繞著電影劇情走。

不過有一部此類的電影並沒有結論，那部電影就叫《驅魔（The Exorcism of Emily Rose）》，由導演史考特・德瑞森（Scott Derrickson）所執導。號稱是真實故事改編的，並經天主教廷正式承認一位十九歲女學生遭到惡魔附身的案例。

電影內容是描述一位十九歲大一女學生，從純樸的鄉下老家前往大學就讀，遇上駭人的恐怖事件。故事的主人翁是一位虔誠的天主教徒（有對她做詳細的身家調查），由此可知這位少女壞不到哪裡去，人格特質高過一般人。

因魔鬼的攻擊，使她時常看到可怕的幻覺並失去知覺。當她發作的情況越來越嚴重也越來越頻繁，就決定請她的教區神父為她進行驅魔儀式。這位年輕女孩不幸在驅魔過程中喪命，而神父也因過失殺人罪名遭到起訴。

這電影將重點放在法律的攻防戰，但觀眾們的疑問大都是「上帝為何要這樣？」

為何要縱容魔鬼折磨這位虔誠的少女。

電影中描述，不論神父如何用盡各種方式驅魔；少女如何禱告或懺悔，身體和精神狀況是每況愈下。最後，少女用最後一絲希望來乞求天父的憐憫，但還是回天乏術。

電影最後的旁白以疑問句帶過：「也許上帝是藉著惡魔的攻擊，來對人顯現祂的存在吧？」

最後的旁白是每個人的疑問，卻又不敢下定論，因大部分的人都不敢承認「我們的老天爺是邪的」。

如果你肯承認這點，那這部影片所有的疑問都有所解。請注意你身旁出意外的人，你就會有一個感嘆：「怎麼上帝老是讓好人出意外？」

中國人有一句諺語：「好人不長命，禍害遺千年。」這句話不一定有智慧，但那是古老社會所得出來的「經驗值」。

也許信上帝的人也可舉出幾個壞人早死的案例，但平心而論：好人死於非命者，絕對比壞人死於報應者多。

依最簡單的統計學來檢討可知地球人的上帝其本質為何？

《死海古卷》（Dead Sea Scrolls，或稱死海經卷、死海書卷、死海文書），是為目前最古老的希伯來文《聖經》抄本。

此古卷出土於公元一九四七年的死海附近的庫姆蘭（Khirbet Qumran，或譯昆蘭或坎蘭），故名為《死海古卷》。

《死海古卷》有一段文字：「我就是上帝；我就是惡魔！我就是上帝與惡魔！」知名的學者與宗教界人士，沒人敢公開下定論。

那麼我這個無名小卒就要來下定論了！「上帝其實就是惡魔」。就像《Alien Interview》這本書所描述的那樣，只是角色不同而已。

《Alien Interview》這本書描述：

一、原本統治太陽系的地外高度文明叫「舊帝國」，就是我們所說的上帝耶和華、真主阿拉、老天爺之類的稱呼，其所屬的外星勢力。

二、《Alien Interview》這本書的外星主人翁，名叫「艾羅」（Airl），也是一九四七年羅斯威爾事件那艘外星飛船的駕駛員。其所屬的的外星勢力叫「同領地 The Domain」，號稱是宇宙中最強的星際聯盟，並催毀大部分「舊帝國」在太陽系中

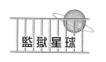

的勢力，因而結束了長達千年的「歐洲黑暗時代」。

三、舊帝國的背叛者：大概就是俗稱的撒旦、魔鬼之類的邪靈，是一群錯亂、不太能自我控制的靈魂，只敢躲在暗處，出奇不意的攻擊善良人。宇宙中沒有任何高度文明肯接納他們，誰沾到他們誰倒楣，我個人稱他們為「錯亂的鼠輩」。

《聖經》《啟示錄》記載：天上起了爭戰，米迦勒和他的使者與龍爭戰，龍和牠的使者也爭戰，並沒有得勝，天上再沒有他們的地方。

大龍就被摔下去，牠是那古蛇，名叫魔鬼，又叫撒旦，是迷惑普天下的，牠被摔在地上，牠的使者也一同被摔下去。所以諸天和住在其中的，你們都要歡樂。只是地與海有禍了，因為魔鬼曉得自己的時候不多，就大大發怒下到你們那裡去了。Hey！上帝將魔鬼；這群「錯亂的鼠輩」傾倒在地球上，然後只會在旁邊說說風涼話：「Hey！你們有禍了。」這是什麼道理？這真是慈愛的上帝嗎？請看清楚祂的人格!!

也許上帝與魔鬼，最大的不同就在於祂們本身是否「錯亂」。地球的上帝可自我控制，地球的魔鬼只有錯亂的靈魂，但祂們本質上都相同。

因祂們都來自同一個地方，本是同根生。一般的通俗文化裡，魔鬼都是藉由折磨人類的身、心、志，來獲得本身的滿足感，祂們要人類受苦以便心裡憂愁、苦悶與哀嚎。

人如果活得越痛苦，魔鬼就越快活或是得到某種滿足感與某種能量。上帝與魔鬼都來自同樣的領地、同樣的星系，原本都是宇宙中同一股勢力。那上帝及其天使可在地球人的情緒反應上獲得什麼呢？只要你願意承認上帝是邪的，你就一定想得到。

有人說「艾羅」（Airl）這個字重新排列組合後，就成為「騙子」（Liar）。這本書的作者 Lawrence R. Spencer（勞倫斯・斯賓塞）是山達基教三十年的教徒。

還有這本書的一些專有名詞，如太空歌劇（Space Opera），根本就是來自其他的科幻小說!?

但如你用這本書的邏輯思考，來看待人類歷史和你的周遭環境，幾乎所有的事都有合理的解釋，而不是事事都問：「上帝為何要這樣？」

各位小時候一定都聽過寓言故事吧？那故事裡頭的動物真的會說話嗎？真的會如此思考嗎？

那都不是重點，重點是會有某一種含意；事實與真理存在於寓言故事裡面。

如果你肯承認上帝是邪的，那祂的話就值得懷疑，《聖經》上所描述的全能者、獨一真神等等，都得打上問號「？」。

不要只相信單方面的說詞，一定有其他的選項可供選擇與參考，如：佛陀的思想。

佛教與基督教的差異

光從這兩個宗教所經常辨的活動主旨就可略知一二。

「學佛」和「信主」。

學佛：佛教總被西方人認為是毫無系統的宗教，其經典太多，真假難辨，就算是同一本經典也有不同版本的解釋。佛教的修行者也有許多不同派別，就算是天天禮佛或拜佛的比丘或比丘尼也有可能不太了解佛經的含意。他們就和大多數人一樣，將佛祖當成其他神明一樣地膜拜與祈禱。

佛教的寺廟如單單只是，蓋廟立偶像讓人崇拜的話，那與其他神祇無異。佛教寺院的功用，應是將佛法發揚光大，使人人皆有機會可領悟超脫之道，蓋佛寺才有意義。

我以前待過的教會「錫安堂」乾脆就將佛教視為無神論者。的確！真正對佛經有所體悟的人是，禮佛而不崇拜佛；學佛而不強求佛。

佛陀頓悟、超脫後，已逃離這座監獄，也逃離了太陽系的電子捕捉系統，你說祂的靈會時時刻刻的留在地球上的各大寺廟嗎？

而或祂仍可透過意念來和信徒溝通？來幫助信徒？這些都說不出個所以然，但學佛之法才是這宗教的重點，而不是膜拜、讚美、奉獻、守戒命或是認某個靈為救主。

佛經很多描訴的現象，是地球上所沒有的。如以地球人的角度來看，根本看不懂。

但如你以科幻小說的角度來看這段經文《阿含經》北俱盧洲：

一、諸比丘，彼鬱單曰洲，於四天下中比餘三洲，最上最妙，最高最勝，故說彼洲。鬱單曰洲，其地平正，無諸荊棘，深邃稠林。

有無量山，彼諸山中，有種種樹，其樹鬱茂。出種種香，其香普熏。遍彼洲處，生種種草，皆紺青色，右旋宛轉，如孔雀毛，香氣猶如婆師迦華（Varsika，一種雨後的花），觸之柔軟。

這是描述北俱盧洲地形及植物。如北俱盧洲不是在地球上，那就一定是在太空中的某處。

二、鬱單曰人，髮紺青色，長齊八指，人皆一類，一形一色，無別形象可知其異。……悉有衣服，無有裸形及半露者。親疏平等，無所適莫。

齒皆齊密，不缺不疏，美妙淨潔，色白如珂，鮮明可愛。這是描述北俱盧洲人穿衣和外貌美好的狀況。彼此間差異不大，紛爭自然少了許多。

不像地球的上帝刻意的搞分化，或刻意的將某些人弄得極為醜陋，使人心生厭惡。

三、鬱單曰人，若於女人生染著，隨心所愛，迴目觀視，彼女知情，即來隨逐，其人行至於樹下，所將之女，若是此人母姨姊妹親戚類者，樹枝如本，不為下垂，其葉應時萎黃枯落，不相覆苫，不出華果，亦不為出床敷臥具。

若非母姨姊妹等者，樹即低枝，垂條覆蔭，枝葉成鬱，華果鮮榮，亦為彼人出百千種床敷臥具，便共相入於樹下，隨意所為，歡娛受樂。……

這是描述北俱盧洲人男女情愛狀況，不會混亂，也不會將「性」視為一種罪。

四、鬱單曰人，住於母胎，唯經七日，至第八日，即便產生。其母產訖，隨所生子，若男若女，皆置於四衢道中，捨之而去。於彼道上，東南西北，行人往來，見此男女，心生憐念，為養育故，各以手指內其口中，於彼指端，自然流出上好甘乳，飲彼男女，令得全活。如是飲乳，經於七日，彼諸男女還自成就一類身，與彼舊人形量無異，……。這是描述北俱盧洲人生育、養育狀況。

綜整以上的經文，就可發現其所云並非地球。佛陀如真有開天眼這一類的神通，那他所描述的北俱盧洲，可是存在於宇宙中的某一角落、某一星球或某一星系？

再放大點來看，是某星際聯盟的生活型態？

很多佛經所描述的並非「懂」或「不懂」這種二元對立的思考模式，而是描述一種現象，描述一種世界。

同樣的，佛經所描述的道理與佛法，也請先不要以「對」或「錯」這種二元對立的思考模式來評論。先以學習的心態來看，如佛的境界「超脫Nirvana」。

一個自由自在的靈魂，悠遊於浩瀚的宇宙中。

般涅槃（般涅槃那）的意義是滅度。滅是消除種種無明、障礙和煩惱，亦即除去心中的情染和執著。度就是超越障礙的智慧，亦即般若。

佛宣說生命及現象世界是無常、苦、空、無我，並指出法身的常、樂、我、淨。佛早已成佛，祂超越了生滅、一異、來去、常斷的別執著。

祂算是真正解脫了輪迴系統的束縛。

解脫有三種：一、解無知縛，二、解取相縛，三、解無明縛。

一、解無知縛，歸解脫（回復靈魂本性的智慧，上蒼給我們的人生是假，無知之人才會跟著上帝的計謀隨波逐流）。

二、解取相縛，歸般若（用佛所教導的方法，來發展靈魂本身的智慧，來超越、逃離現實生活中上帝給人的考驗與虐待）。

三、解無明縛，歸法身（當上蒼讓你我陷入悲或怒的人生狀態中而無可自拔時，或許可以靠著宗教來獲取短暫的安慰。但根本的解脫之道，還是要喚起你靈魂自身的佛性及智慧，化被動為主動，不用祈求上帝的憐憫，使靈魂回復原本的能力佛性、法身來解脫上帝、魔鬼給你的苦難與老死）。

佛說貪、嗔、痴，稱為三毒。

一、佛法中說「貪」是於三有及資具（順境）染著不舍。三有是欲有、色有、無色有。因為眾生貪欲界、色界的種種事物，及貪無色界的種種心態，使他們繼續在欲界、色界、無色界（三界六道）中受生，再度輪迴生死。

將「貪」看成是《Alien Interview》裡所描述的電子捕捉器所產生出來的幻象，誘導出人類靈魂的「貪」念，進而捕捉到人類靈魂，將其丟入「輪迴系統」中受虐或再次成為一個生物。

二、佛法中說「嗔」是於三苦及資具（逆境）憎惡不能忍受。苦有三苦：

（一）苦苦：即是身心之苦受，生、老、病、死、怨憎會屬之。

（二）行苦：東西變化無常，我們做不了主（上帝會出奇不意的讓魔鬼攻擊你，毀了你的人生），五蘊熾盛苦屬之。

（三）壞苦：即是樂受變壞或得不到，愛別離、求不得苦屬之。（吸引力法則：你越想要的，反而離你越遠。上帝設計地球人生活的基本架構皆如此，只有少數奸邪之人例外，因上蒼要使他們成為各領域的領導，好讓他們來奴役、虐待普羅大眾）對於這三苦，凡夫不能忍受，不想要它，但業報又是如此這般做不了主，又丟不掉，所以對這三苦起嗔心，然後對引起三苦的東西也起嗔恨。

將「嗔」看成是《Alien Interview》裡所描述的電子捕捉器所產生出來的幻象，誘導出人類靈魂的「嗔」念，進而捕捉到人類靈魂，將其丟入「輪迴系統」中受虐或再次成為一個生物。

三、佛法中說的「痴」也是以此類推。

人若能心不生貪嗔痴之念，則三心除盡，三毒清淨不生，而返回本來之真面目矣[1]。勤修「戒定慧」，熄滅貪、嗔、痴。

佛滅時，以何為師？佛曰：以戒為師。持戒：堅守戒律規條。禪定：心清淨就是禪，不被外境轉便是定。智慧：自性流露般若智慧，能明辨真假是非正邪。

姑且不論這些方法有沒有效，是不是適合每個人。也許不同人有不同的方法可以擺脫「輪迴系統」的束縛。

但佛經講的畢竟是佛陀祂自己所研究出來的方法，且經過各教派的修改，其內容

[1] 回本來之真面目為何？請參考「潛意識的開發」等相關書籍。擴大的解釋「天人合一」，你自己就是上帝！

與想法多少有點出入，需謹記大方向不變。

佛教所說的並不是依靠神或崇拜神，祂們的戒律是一種「超脫 Nirvana」的方法，而不是去服從某種神的旨令或戒命。

無我，佛教術語，指對於我的否定，為佛教根本思想之一。這個名詞有兩個方面的意思，一方面，它可以解釋為，沒有我，我不存在，大乘佛教又稱我空；另一方面，則可解釋為，這不是我，也稱為非我。這兩種含義間的爭論，成為佛教各宗派間的重要課題。我用科幻的角度來談論：

Pamela Kribbe 的著作《靈性煉金術（The Jeshua Channelings）》[2]這本書裡面曾提到：人類的深層情緒反應，可以作為宇宙中某些高度文明或精神（靈魂）社會的能量來源。那假如統治地球的高度文明只是想要奴役地球人而已呢？他們難道只想由地球人的喜、怒、哀、樂來滿足自己的某種需求，甚至虛榮心嗎？《Alien Interview》這本書也有提到類似重點：宇宙中所有的靈魂共通點只有一項：你、我、他所有的靈

[2]《The Jeshua Channelings》原文作者：Pamela Kribbe，號稱是來自耶穌的靈性訊息，帶你進入生命的療癒、內在的成長，進而喚醒意識的提升，重拾大我的力量！

魂都喜歡被「讚美」！

重點來了！看地球上的主流宗教，尤其是基督教與伊斯蘭教，他們聚會或禮拜，一定有一最主要的重點：「讚美主」或「讚美上帝」，以朗誦或唱詩歌的形式都有。

麻煩將上帝的個性往壞一點的方向想，世上一些狗屁倒灶、不公不義的人事物會一再發生，難道沒有一股力量去催促它發生嗎？

統治地球的高度文明只是想要由地球人的喜、怒、哀、樂來滿足自己的某種需求，那地球上的一些鳥事就有合理的解釋了。

如真有人可以到達佛陀所教導的「無我」的境界，不管是「沒有我」也好；「不是我」也罷，「無我」這個境界的靈魂對於「地球的統治者」上帝來說，是可有可無的、是乏味的；是祂根本不想理的。《Alien Interview》這本書裡的電子捕捉器也無法藉由你的想法、你的渴望、你的情緒反應來追蹤及捕捉你了。

你就是自由自在的靈魂；不用再墮入輪迴系統中，真正達到「超脫」的境界。

信主：信主得永生，那不信主的呢？將被丟入火湖內受到永恆的刑罰。這是基督教的基本概念。

耶穌在世時行了很多的神蹟，如讓瞎子看得見、讓跛子重新站起來、五餅二魚等類的神蹟。行神蹟只能代表耶穌基督的個人能力而已，但無知的人卻大為驚奇，孰不知他們原本也有類似的能力（參閱《約翰福音》10:34），只是被上帝給剝奪了而已。

他們將焦點放在「耶穌是神」這個節骨眼上，當所有的思緒都在這焦點上時，思考終止了，靈魂被囚禁在這個框架內，無法解脫，人生的痛苦只能求救主的出現與上帝的憐憫，一切都是被動的。

我們再來看看下列的故事：

耶穌過去的時候，看見一個人生來是瞎眼的。門徒問耶穌說：「拉比，這人生來是瞎眼的，是誰犯了罪？是這人呢？還是他父母呢？」

耶穌回答說：「不是這人犯了罪，也不是他父母犯了罪，是要在他身上顯出神的作為來。趁著白日，我們必須做那差我來者的工；黑夜將到，就沒有人能做工了。我在世上的時候，是世上的光。」

耶穌說了這話，就吐唾沫在地上，用唾沫和泥抹在瞎子的眼睛上，對他說：「你往西羅亞池子裡去洗。」（「西羅亞」翻出來就是「奉差遣」。）他去一洗，回頭就

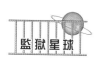

看見了。（唾沫和泥還要去西羅亞池子裡洗）[3]。

那其他的瞎子呢？所有不幸的人都是為了要「彰顯神的大能」而活嗎？如不能彰顯的就有罪了嗎？基督教把所有的一切都歸於神，為了神而活，所有的一切思緒都停留在「神」、「天父」這類詞句上面。

再來看看耶穌是如何談論「愛」的呢？首先要愛你的神，也就是天父。又來了！聽到這裡，請各位冷靜一下！不愛神就無法去愛人？或是不愛神就無法得到愛？還是不愛神你就不是愛！耶穌才是愛？那神又是什麼？

那種含糊的字眼要如何去愛？明明就不愛神，卻又要強迫自己去愛，去努力的愛「神」，努力的幻想和自欺欺人有何異？

這種繞口令似的催眠詞彙，如真要分析起來還真是累人。於是基督教的人就想到一個更簡單的詞：「要有信心!!」

《聖經》上的話，你信就對了，你就不用想太多!?如果你讀過《聖經》就可以理

[3] 像這樣醫治病人的神蹟，即使是今天也有很多牧師用同樣的方法來傳教，至於是真是假，或是演戲？就不得而知了。

解，無論上帝要人做任何事，好事也好，殘忍之事也罷，祂都只為了自己，為了榮耀神。基督要人在世上只為神而活，不願人有絲毫的自主性。

祂真是救主嗎？還是如《死海古卷》上所說的：我就是上帝，我就是惡魔！我就是上帝與惡魔！

《聖經》五餅二魚故事：耶穌渡過加利利海，就是提比里亞海。有許多人因為看見他在病人身上所行的神蹟，就跟隨他，被耶穌的神蹟所引誘。

耶穌上了山，和門徒一同坐在那裡。那時，猶太人的逾越節近了。耶穌舉目看見許多人來，就對腓力說：我們從那裡買餅叫這些人吃呢？

他說這話是要試驗腓力；他自己原知道要怎樣行。腓力回答說：就是二十兩銀子的餅，叫他們各人吃一點也是不夠的。

有一個門徒，就是西門彼得的兄弟安得烈，對耶穌說：在這裡有一個孩童，帶著五個大麥餅、兩條魚，只是分給這許多人還剩什麼呢？

耶穌說：「你們叫眾人坐下。」原來那地方的草多，眾人就坐下，數目約有五千。耶穌拿起餅來，祝謝了，就分給那坐著的人；分魚也是這樣，都隨著他們所要的。他們吃飽了，耶穌對門徒說：「把剩下的零碎收拾起來，免得有糟蹋的。」他們便將那五個大麥餅的零碎，就是眾人吃了剩下的，收拾起來，裝滿了十二個籃子。眾人看見耶穌所行的神蹟，就說：這真是那要到世間來的先知！

這種變魔術一般的手法，確實會讓在場的人大為驚奇，也讓耶穌的講道內容更具說服力，當然其目的也達到了，就是讓更多人信主。

如果信主真能得到庇蔭，那倒也還好。試問一下所有的基督徒或信過主的人，你們的生活和一般人有何不同？

過得好的就自認為主是愛他的，就變得更有信心，哪天從雲端跌下來了呢？成功的人為主作見證；失敗的人要悔改，要繼續依靠主名尋找生存成功之道。不論你是哪種人，都要「有信心!!」，是吧？

冷靜一下！成功與否，大成功，小成功，它包含了所有的機率。代表著所有的事情都要感謝主或向主悔改「所有的事」，不就有講和沒講一樣嗎？

「everything」is mean「nothing」，講了一堆屁話後，信徒就要很用心、用力的來信主，這不就是自欺欺人嗎？

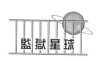

耶穌說靠主名求的，只要有信心，即使是叫眼前的山移開，它就會移開。只是古今中外，還沒人能辦到。

這種空口說白話的教義，與魔鬼的謊言何異!?

第三章

論耶穌的罪

主耶穌宣告：我是道路、真理、生命；若不藉著我，沒有人能到父那裡去。（約 14:6）這是說，主顯明祂是耶和華另一個合成的名字：耶和華沙瑪（Jehovah-shammah，耶和華的所在，結 48:35，啟 21:22）。

注意祂的那一句「若不藉著我，沒有人能。」祂敢說這句話，也就代表著人人都和祂有關，祂正盯著每個人！

在基督教裡耶穌就是上帝的代名詞，是以一個無罪之人被釘死在十字架上。耶穌的寶血，是我們的贖罪祭，神赦免人的罪，使人白稱為義，與神和好，當然的結果是主耶穌的寶血，洗乾淨人一切的罪。

這麼說來祂真是神!?死了一次就可替代全人類及全人類的子子孫孫。那加起來有幾百億啊！看觀人類的歷史，冤死的人，比耶穌死得還慘的人大有人在。

基督教的人一定會說：人皆有罪，罪人之死不能和耶穌相提並論，因耶穌是聖靈感孕而生，是無罪之身。那因人受孕的就有罪？

基督教最令人受不了的一個觀念就是將人生的悲劇「合理化」與「個人化」。如一人過得悲慘，受到極大的冤屈，教會的人便將耶穌釘十字架，將受難過程搬出來。

「連耶穌這無罪之人都受到這樣的刑責與冤屈，那你這樣一位罪人所受的苦難……應該還好吧？」（這是「合理化」。）

彼得說，你們各人要悔改，奉耶穌基督的名受洗（徒2:38）。（這是「個人化」）

總而言之，你活受罪是應當的，是合理的。

你不想活受罪就應當悔改，如悔改後還是很慘，那是你還未完全悔改，或方法錯誤。總之，是你個人的問題!?

那我今天就來舉出一個例子，來說明上帝有罪！

連亞堂（連衡），臺灣臺南人，臺灣日治時期的詩人、臺語學家、臺灣歷史學家。一九二〇年，著作《臺灣通史》完成並出版，是臺灣第一部冠以「臺灣通史」名稱的版本。另著有《臺灣語典》、《臺灣詩乘》、《劍花室詩集》等。

在日據時代，附和一些不肖的日本官員，鼓吹臺灣人吸食鴉片。一九三〇年，發表〈鴉片有益論〉，大力誇揚臺灣總督府重新開放的鴉片政策。

他是地方仕紳，算是個有名望的人。光緒十九年（一八九三年），連家始踏入樟腦煉製，每年產量可達數萬擔，惟因日本占臺後被沒收資產，家境中落。

於是為了利益，連亞堂運用他的名望，在日本人御用報紙《臺灣日日新報》上刊載了一篇文章「鴉片有益論」，其中的言論有：「臺灣人之吸食阿片，為勤勞也，非懶散也……我先民之得盡力開墾，前茅後勁，再接再厲，以造成今日之基礎者，非受阿片之效乎？」此篇論稱「鴉片不僅無害，甚至還被稱為長壽膏，是有益的」的文章一經發表後，「全臺輿論譁然，蓋當時臺胞方藉鴉片特許問題，義正辭嚴，以與日本統治當局奮戰，驟見此文為虎作倀，都怒不可遏。連衡頓成眾矢之的。」（林元輝，一九九八，12）。

連衡如此媚日之舉，連當時的民族運動領袖林獻堂都看不下去了。「鴉片有益論」這篇文章內容描述鴉片的好處，將鴉片形容成今日的健康食品一樣。此一舉動當然必定引起了臺灣各地仕紳的圍剿，說這簡直是將自己同胞的健康和生活給出賣了。

鴉片的毒害眾所皆知，連亞堂竟為了一點利益，睜眼說瞎話，其人格之卑劣可想而知。他的這篇文章使他受盡林獻堂等臺灣仕紳的鄙夷，眾人皆拒絕來往。最後連亞堂悻悻然的離開臺灣，到中國去了。反正這種人上帝永遠都會給他出路。

連震冬，連亞堂之子。一九〇四年生於臺南，為臺灣一九五〇年代「半山」[1]派的政治人物代表之一。一九二九年畢業於日本慶應義塾大學經濟科，回到臺灣加入《昭和新報》，一九三一年因父親連亞堂發表〈鴉片有益論〉討好日本政府，鼓吹鴉片，而遭到臺灣知識份子強烈排擠，連震冬只好隨父親前往中國大陸，投靠中國國民黨元老張繼，並且在張繼的提拔下加入國民黨。

第二次世界大戰後，臺灣由國民政府接收，一九四五年十一月，臺灣省行政長官陳儀委任連震冬擔任臺北州接收管理委員會首任主任委員，正式接管臺北州軍政事務。現在連家已知的財產大多由連震冬接收日產所得。所謂的日產其實就是日人離臺後所留下的不動產；工廠等帶不走的東西，理當成為公家財產才對，但連震冬藉著職務之便將大筆日產轉到自己名下，日後變賣成現再將資金轉投資到國外。

臺灣民主化後，也不見追討之動作，臺灣政府將錯就錯的態度實為便宜了連家。作家吳濁流在《臺灣連翹》中所形容連震冬是「半山派中的陰險的策士」，連震

[1] 半山仔，是臺灣政治的術語，簡稱半山，指的是：原籍臺灣，不過在臺灣日治時期前往中國大陸（俗稱唐山）旅居，並在中國抗日戰爭勝利後，再度返臺的國民黨人士。

冬「剛回來時，他只是二流角色」，但他請臺大教授寫下乃父連亞堂的傳記，將此書設法間接拿給中央祕書長張其昀看，張看後甚為激賞，便以「愛國詩人」向中央推薦，由於其人已亡故，「中央要人們來臺不久，正在物色臺灣人的幹部級人物，於是連亞堂的餘蔭自然落在連震東身上」。

一九五〇年，連震冬奉派為中央改造委員會委員，為十六名委員中唯一的臺灣籍人士；另兼中華日報社長，旋改任董事長。

一九五四年起，調任臺灣省政府民政廳長，旋兼臺灣省政府祕書長；一九五五年，政府舉辦臺灣省第一次戶口普查，連震冬身兼戶口普查處副處長。

一九六〇年三月二十五日，連震冬奉派為國民黨副祕書長，並辭去臺灣省政府委員兼民政廳長之職；同年五月，因行政院局部改組新任行政院內政部長。

一九六三年，國民黨九全大會，連震冬當選為中央常務委員。

一九六六年，連震冬奉派兼任行政院戶口普查處處長，並於同年辭內政部長及相關兼職，專任行政院政務委員。

一九六七年，連震冬奉派為國家安全會議委員兼國家建設計劃委員會政治組召集人。

一九六九年，國民黨十全大會，連震冬奉派為中央評議委員等等。這傢伙幾乎是當官當到死，他何德何能？原因只有一個：連震冬到中國去時已二十七歲了，臺灣地方仕紳的人脈他瞭若指掌。

所謂擒賊先擒王，國民黨這個外來政權接收臺灣後，如遇到地方反抗是該如何呢？當然要先防犯於未然了！先將地方有影響力的人斬除殆盡，剩下的就是烏合之眾了。那何謂地方有影響力的人呢？除了地方仕紳以外，就屬醫生、教師、書報雜誌的編輯或老闆，還有地方市議會的議員等這類可以將民眾聚集起來的人，先將這類人殺掉，民眾聚集和反抗的力量自然就少了，這就是為何國民黨有辦法在短時間內平定全臺最主要的原因。

那國民黨這個外來政權如何在短時間內，知道誰該殺，殺誰最有效呢？當然是對臺灣有所了解的「『半山』派的政治人物」提供名單囉！

論功行賞!!這是野蠻的中國政權傳統的用人哲學。看看這些「半山」派的政治人物誰的功勞大，誰的官就大。連震冬絕對是居功厥偉！

馬英九在當總統時不只一次說過：二二八事件是官逼民反，是民眾受不了政府才起而反抗的。聽起來像是群眾動亂是吧？

像是政府為了平亂才鎮壓群眾的是吧？那吳濁流指控連震冬的部分怎麼聽起來像是有所計劃的樣子呢？到底是有所計劃的殺戮，還是單純的平亂呢？

我很負責任的說：群眾動亂是表面像；有計劃的殺戮臺灣精英才是國民黨最在乎的。此話由「彭孟緝處理高雄事件」可支持吳濁流的論點。

彭孟緝（一九〇八年九月十二日～一九九七年十二月十九日），字明熙，湖北武昌人，中華民國陸軍一級上將。一九四六年至一九四七年擔任高雄要塞司令部司令。

其刻意屠殺高雄政治人物的事蹟如下：

二二八事件爆發後，三月三日漫延至高雄地區。高雄的部分青年學生及民眾採取武裝抗爭行動。高雄要塞司令彭孟緝派出巡邏隊，在市區看到有民眾聚會一起，便開槍射殺，引起市民恐慌。三月五日，高雄市參議員和地方名流組成「高雄二二八事件處理委員會」，為減少動亂，三月六日上午，推派市長黃仲圖、議長彭清靠、塗光明、苓雅區長林界、曾豐明、范滄榕、臺電高雄辦事處主任李佛續等七人到壽山，與彭孟緝交涉。

這些人都是地方有名望的人，他們主動去找彭孟緝要商談對策，事先都已連絡好時間、地點，很明顯的不是暴民。但不去還好，一到彭孟緝那裡，即成為甕中之鱉，遭一網打盡，省得彭還要花時間派人去一個一個找。除黃仲圖、彭清靠、李佛續釋放外，塗光明、林界、曾豐明、范滄榕被拘留槍殺。

同日下午，彭孟緝下令攻擊高雄市政府、火車站、高雄第一中學。軍隊到達市政府後，封閉大門，以機槍向正在開會的二二八事件處理委員和市民掃射，頓時哀嚎慘叫聲四起，市參議員許秋粽、黃賜、王石定等五、六十人喪命。

各位看到這邊就可以問道：既然是要鎮壓暴民，那為何還要特地跑到市政府殘殺市參議員呢？就是因為他們是市參議員才會被槍殺，民眾沒有這些人就少了一股凝聚的力量。殺街上聚會的民眾只是順便解放國民黨軍的獸性而已！二二八事件發生後，由於彭孟緝強力鎮壓，受當時國防部長白崇禧（實是受蔣介石）賞識，先升任臺灣全省警備總司令，之後出任臺灣省保安副司令、臺北衛戍司令等要職。

直到一九九七年逝世，沒有一句道歉或後悔的話！彭孟緝之子彭印剛也就是中國航運董事長（前香港特首董建華妹夫），他可是一位成功的企業家呢！

真是上帝保祐啊！

彭印剛在媒體刊登廣告，歌頌其父一生，更於文章中指稱當年二二八事件受難者為「暴徒」及以「彭孟緝處理高雄事件未犯錯」作為結論。

顯然的，彭孟緝之子彭印剛，他一點也不以其父為恥辱，反而已其父為榮呢！有計劃的殺戮臺灣精英才是國民黨最在乎的！

現再拉回連震冬身上，即可證明二二八事件的屠殺行為是有計劃的。而連震冬之所以官運亨通，無非就是對於這項計劃有著卓越的貢獻。

《詩篇》（Psm）75:7惟有　神斷定，他使這人降卑、使那人升高。看看《聖經》所寫的！連亞堂之子、彭孟緝之子，他們的生活可是比其父還要繁華呢！

惟有　神；耶穌斷定．可使卑劣之人和其卑劣的後代，升！高！

連占，連震冬之子，連亞堂之孫。其官位和榮華富貴又更勝於其父連震冬。

曾任中華民國（臺灣）副總統、行政院院長、臺灣省政府主席、中國國民黨主席。一九九九年被國民黨提名為二〇〇〇年選舉總統候選人，但卻落選。

二〇〇〇年十月二十七日臺灣「總統府」上演藍綠大和解——陳水扁與敗選的國民黨主席連占會面。連占在會上提出以訂定「續建核四、不建核五，先將核一、核二、核三除役」的法案，來化解兩黨對核四的歧見，但不為陳水扁接受。

就在「扁連會」結束半小時後，時任「行政院長」的張俊雄逕直宣布停建核四。這個決定彷彿打了連占巴掌，連占痛批陳水扁誠信破產、尊嚴掃地。

受了奇恥大辱的在野陣營，利用在「立法院」的多數優勢，翌年一月三十一日通過決議案，要求「行政院」讓核四復工。

扁當局為了保護脆弱的「政權」，只能在二月十四日宣布復建。經過這場鬧劇，核四[2]興建與否的問題重新回到原點。

核四反應爐為美國設計，日本製造，臺灣安裝的拼裝車。核四廠的主機是「先進型沸水式反應爐」，設計的目標是要比美國核能管制委員會（NRC）核准的安全標

[2] 龍門核能發電廠是臺灣新北市貢寮區一座興建中的核能發電廠，因所在地名「龍門」而得名，由臺灣電力公司興建營運；為臺灣第四座核能發電廠，故原名第四核能發電廠，二〇〇九年三月三日改為現名，但其原名簡稱「核四」或「核四廠」較為常用。

準高出一千倍，理論上比福島電廠或核一、核二的沸水反應爐更安全。問題是，它過去的實際運轉紀錄並不比傳統沸水反應爐更好。

日本柏崎刈羽電廠（Kashiwazaki-Kariwa NPS）的六號機與七號機，就是採用跟核四一樣的「先進型沸水式反應爐」，過去近十年的實際運轉紀錄中，它們因故障被迫停機的次數，卻明顯高於日本所有核電廠的平均值。這種情形並不奇怪，新型的產品往往會採用較新穎的技術，但因應用技術不成熟反而忽略一些實務上必須考慮的因素，因而更容易出現瑕疵。

三哩島與車諾比事件，出事的反應爐都是當時較新穎的機種，也都在小故障時引發人為操作錯誤，而擴大為嚴重的災難。

核四雖是新型的第三代反應爐，但是儀控系統複雜，加上施工品質不良而且驗收過程有嚴重的瑕疵，未來機件故障合併人為疏失的機率很可能遠大於舊型的核一和核二。

設計核四的 GE 公司因無法依據原設計做出 ESF（緊急處置安全儀控系統），變更設計後未經 NRC（美國核管會）認證。

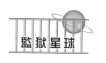

況且核四廠外海底活火山每天大小地震仍多達兩百多次，非常活躍。

總而言之，管它多危險，連占這種人根本不會在意臺灣人的死活，就將臺灣人的生命放在危險上又如何呢？

這不是正合了上帝的意嗎？

二〇〇四年三月二十日總統大選，連占又敗選，結果和他祖父連衡一樣。悻悻然！小人哉！輸不起。

選舉結果公布後，連占對聚集在國民黨中央黨部外的民眾發表演說，宣稱選舉「疑雲重重」、「不公正」，並正式宣布將提起選舉無效之訴。

二〇〇四年三月二十日晚，大批泛藍支持者聚集在總統府外的廣場，連占本人也在他的搭檔副總統候選人宋楚魚和泛藍立委的簇擁下在廣場上靜坐表達抗議。

抗爭活動在三月二十七日達到高潮，據稱有五十萬人在總統府前廣場集結，連占等再度表達要求重新驗票及選舉的訴求。

連占在當時就擺出一付要玉石俱焚的態勢，一點也不為國家之和諧著想，其人格和其父、其祖父如出一轍！

有關地球上殘忍邪惡的領導者，《聖經》上描述上帝要如何對付他們呢？

《詩篇》136:17 稱謝那擊殺大君王的，因他的慈愛永遠長存。

《詩篇》136:18 他殺戮有名的君王，因他的慈愛永遠長存。

《詩篇》136:19 就是殺戮亞摩利王西宏，因他的慈愛永遠長存。

《詩篇》136:20 又殺巴珊王噩，因他的慈愛永遠長存。

《詩篇》136:21 他將他們的地賜他的百姓為業，因他的慈愛永遠長存。

但觀看國民黨的蔣氏政權也好；再觀察國民黨的忠臣：連震冬、連占、彭孟緝這些人及其家族，上帝對他們可是愛護有加，和《聖經》說的剛好相反。

我很負責任的說像這種奸邪的家族世界各地都有，像非洲、中南美洲、中東地區真是比比皆是，上帝為何不擊殺他們？難道另有目的？

《聖經》《民數記》14:18：「耶和華不輕易發怒，並有豐盛的慈愛，赦免罪孽和過犯，萬不以有罪的為無罪，必追討他的罪，自父及子，直到三四代。」

事實上，老天爺只有對普通人或好人的後代這樣，對於至邪之人的後代，上帝可是保護有加呢！

連家從連震冬開始，二代單傳。但到了第四代開始就有二子、二女，可以說是開枝闢葉，人丁旺，越來越欣欣向榮啊！您說上帝、耶穌沒庇蔭嗎？

《聖經》上所描述對付惡人的方法和標準怎麼沒用來對付連家？連家的子孫在自由的歐洲和美國置了多少產業，他們什麼都不用怕，不用怕臺灣出什麼意外，不用怕中共統治臺灣，就算臺灣變成地獄了，他們反倒是過得越來越自由，越來越幸福呢？像連家這種卑劣的權貴，在世界各地都有。

不見上帝出手報應，只見其後代子孫越來越興盛。上帝是不是特別喜歡卑劣的人呢？好讓他們來虐待我們，來奴役我們。

難道祂只是想要由地球人的喜、怒、哀、樂來滿足自己的某種需求嗎？善良人的極致悲痛，難道是耶穌所要的嗎？

中國國民黨！這個邪惡的政黨！在上帝的眷顧之下，意外的統治了臺灣。世界上最大宗教的主神耶穌無可置身度外，這必定是祂的計劃之一。

二二八消失的臺灣菁英之一吳金鍊，臺北市人，日本東京青山學院文學部畢業，《臺灣新生報》日文版總編輯，對時政及社會不公現象，敢於批評、揭露，二二八事變時，每日大篇幅漢、日文對照，報導各地二二八事件消息，這種敢於說出真相的態度乃是上帝的最恨！

國民政府接收《臺灣新生報》後，由李萬居主持。當時因為絕大部分的臺灣人未諳北京話文，因終戰此初期《臺灣新生報》闢有日文版，以為過渡期，吳金鍊為該報日文版總編輯。

當時日文版的記者、編輯，清一色都是臺籍人士，是原來的《臺灣新報》的人員被留用下來；而中文版的人員，則由國民黨引進的新人主導，在同一編輯室，分成兩個陣營，加上又有言語上和習慣的差異，無法互相親近。此外，新來的記者，比本地記者多拿一倍薪水。兩版之間的隔閡，不僅表現在差別待遇，兩版的內容也大有所異，日文版對於時政及社會不公平的現象，敢於批評、揭露，實有與政府對立的言論，因此遭當局之忌。而反觀中文版的人員，則處處掩蓋真相，對政府歌功頌德的文章也不少，一份報紙分成兩種截然不同的報導方向。

一九四六年，該報日文版終於被廢，同時其他的日文報紙也被全面禁止。

一九四七年二月二十七日延平北路發生緝煙血案，群情激昂，當晚群眾湧到臺灣新生報社，要求報社照實報導事件狀況，此後《臺灣新生報》每日大篇幅報導全臺各地二二八事件的消息，並且中、日文對照。《新生報》趁機恢復了日文版，社長李萬居還因此受到軍人和警察襲擊，不過由於他具有參謀的軍籍頭銜，因而得以無事，但總編輯吳金鍊與總經理阮朝日可就沒這麼幸運了，他們在數日之後都被捕殺。

三月十二日，吳金鍊赴報社上班，國民黨的爪牙（也是上帝的爪牙）到報社將吳總編輯強行帶走，一去不回。與該報總經理阮朝日一樣，均遭羅織「陰謀叛亂首要」罪名，被國府軍予以逮捕。吳金鍊是說真話的人，耶穌不會輕易放過他。當時國民黨的軍隊跟地痞流氓沒什麼兩樣，吳金鍊被捉走後，他們怒氣未消，仍有數位軍人闖入他的住所，對吳家行使報復。

在下著大雨的夜晚，將家中的家具、書籍拋出屋外，任其淋雨，當時身懷六甲的吳妻，亦被無情地趕出屋外淋雨，站在寒冷黑暗的大雨中，頓失住所。她當時必須忍受丈夫已凶多吉少的悲痛，當一個女人懷著身孕最需要被照顧的時候，卻被扔在黑夜寒冷的風雨中，無人敢伸出援手，一個孕婦，黑暗中顫抖的身軀，是悲傷！是恐懼！是上帝！是耶穌！讓國民黨在臺落腳的！祂一定知道會發生什麼事，吳妻的極致悲情祂一定感覺得到。怎麼!?耶穌基督！你在享受什麼!?

耶穌不是救世主，祂是悲劇製造者。祂的無罪才能對比出世人為有罪的。教會所宣揚的以無罪之身被釘死在架上，只是一個理由——一個讓悲劇不斷在地球上演的理由。

我不得不吶喊：上帝！我辱罵你！我有資格辱罵你！你的神力只用來對付一般人嗎？邪人子孫過的每一天，都是你的罪！都是上帝的罪！都是耶穌的罪！耶穌！還說你無罪!?

第四章

末世論

由上帝的最終計劃，來看待祂的人格。

《西番雅書》1:15-16 那日是忿怒的日子，是急難困苦的日子，是荒廢淒涼的日子，是黑暗幽冥、密雲烏黑的日子，是吹角吶喊的日子，要攻擊堅固城和高大的城樓。

這段經文讓我們了解到，末世的日子是怎樣？必民不聊生，眾人必受極大的痛苦而哀嚎。這不是魔鬼想要的嗎？這是上帝安排的！

《西番雅書》1:17 我必使災禍臨到人身上，使他們行走如同瞎眼的，因為得罪了我。他們的血必倒出如灰塵；他們的肉必拋棄如糞土。

二十一世紀有很多的武器可達成這段經文的功效，是什麼樣的罪會讓祂將一大群人的血如灰塵、肉如糞土呢？如祂只針對惡人的話，那，請祂瞄準一點。

《西番雅書》1:18 當耶和華發怒的日子，他們的金銀不能救他們；他的忿怒如火必燒滅全地，毀滅這地的一切居民，而且大大毀滅。

耶和華所造成的毀滅一定很大，金銀不能用，那表示全球經濟全面崩盤。祂的個性如此，一旦發怒就會「大開殺戒」，且不會特別針對惡人開殺，一定是通殺，祂不用特定去描準惡人，因祂根本不在乎誰死亡。

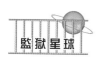

《以賽亞書》2:19耶和華興起，使地大震動的時候，人就進入石洞，進入土穴，躲避耶和華的驚嚇和祂威嚴的榮光。

祂威嚴的榮光指的是核輻射嗎？大規模的戰爭到後來一定有核戰，城市文明一旦毀滅，應當有很多人得進入洞穴內避避耶和華的榮光吧!?

我們先來談《創世記》11:9因為耶和華在那裡變亂天下人的言語，使眾人分散在全地上，所以那城名叫巴別。由此可知祂不希望人類團結。

再來看看新約《聖經》是如何談末世的：

《馬太福音》24:6你們也要聽見打仗和打仗的風聲，總不要驚慌；因為這些事是必須有的，只是末期還沒有到。

《馬太福音》24:7民要攻打民，國要攻打國；多處必有餓荒、地震。

人類互相殘殺的結果，表面上是人類自己造成的，但如果不是一些貪婪暴戾的人能夠順利的掌權，這些事怎麼會發生？

這些人能順利掌權難道說都是靠自己努力得來的嗎？中國有一句諺語：「命運天注定；天命不可違。」這一句可看做是統計學上的「經驗值」，卻也讓我們了解到，上帝是如何運作這個世界的。

伊斯蘭教的末世論也是引導人類互相殘殺：《穆斯林聖訓實錄》41:6985記述穆罕默德說：「直到穆斯林殺戮猶太人，復生日才會來臨。當穆斯林追殺猶太人，他們藏於石頭和樹木後時，石頭和樹木就會喊：『穆斯林！安拉的僕民！我後面的就是猶太人，快來殺他！』但厄爾蓋德樹不會這樣，因為它是猶太人的樹。」

上帝讓基督徒、猶太教徒及伊斯蘭教徒各自相信自己的宗教才是真理，才是神的旨意，好讓人們殺起來不留情面，那些人還自以為能上天堂呢！

我要告訴你們：沒有天堂可去！像這種無知又愛搞破壞的靈魂，宇宙中任何一個高度文明都不會歡迎他們。第一，「無知」就無法為這些高度文明做出貢獻。第二，「愛搞破壞的靈魂本質」只會造成這些高度文明的負擔。更何況，地球所在的太陽系有「輪迴系統」等著捕捉這些暴戾無知的靈魂。

那各位或許會問：那末世後「輪迴系統」還會存在嗎？我認為這不是重點，重點是耶和華、阿拉真主這股勢力會如何運用「輪迴系統」這項科技。

一群惡勢力如果要整你，從來不缺方法。請看以下的分析：

《馬太福音》24:14這天國的福音要傳遍天下，對萬民作見證，然後末期纔來到。這已經藉由電視、廣播、宣教士、《聖經》的分送，以及《聖經》翻譯成世界上大多數語言而達成。那祂是什麼意思？意思就是說福音已傳遍天下，有機會被所有人所知的情況下，末世即將到來。

這有點像是流氓般：「我已經跟你講了歐！再不聽福音，往後的日子請小心」。這話又是二元對立的思考模式：「相信福音訊息」vs「將福音當做耳邊風」，祂將人類的結局放入這二元對立的思考邏輯裡；這思考邏輯一點都不像是一位「慈愛的天父」所講的話及所應思考的方向，……用恐嚇的！

《啟示錄》6:12-14揭開第六印的時候，我又看見地大震動，日頭變黑像毛布，滿月變紅像血，天上的星晨墜落於地，如同無花果樹被大風搖動，落下未熟的果子一樣。天就挪移，好像書卷被捲起來；山嶺海島都被挪移離開本位……。上帝使大地震動，而地球上的核電廠最怕的就是地震；或是海嘯之類的大災難。上帝祂可真是打到人類的痛處啊！

《啟示錄》8:7第一位天使吹號，就有雹子與火攙著血丟在地上；地的三分之一和樹的三分之一被燒了，一切的青草也被燒了。

代表核子武器或核電廠爆炸的後續效應，因天空出現火和雹，與二次世界大戰結束時日本原子彈爆炸的情形相同。

《啟示錄》8:12 第四位天使吹號，日頭的三分之一、月亮的三分之一、星辰的三分之一都被擊打，以致日月星的三分之一黑暗了，白晝的三分之一沒有光，黑夜也是這樣。

經過多次核子爆炸之後，大氣層充滿沙塵和碎屑，遮蔽太陽光的照射（「核子冬天」的假說）。

想當然爾，遺留下來的人類透過輪迴系統所生的後代，在高輻射污染的環境下成長，各個是既畸型又愚蠢了。

一群蠢人的宗教哲學思想會如何呢？本質不外乎是像奴隸一樣的順從，以讚美神來減輕生活中的苦痛。

《啟示錄》9:13-15 第六位天使吹號，我就聽見有聲音從神面前金壇的四角出來，吩咐那吹號的第六位天使，說：「把那捆綁在伯拉大河的四個使者釋放了。」那四個使者就被釋放；他們原是預備好了，到某年某月某日某時，要殺人的三分之一。

由上述經文可知殺人計劃的主謀就是上帝。到某日的某時，要殺全球人口的三分之一！

一天之內要殺如此多人，一定得靠核子武器在國與國之間的互相攻擊，或全球地震帶上的核電廠全面失控才有辦法達成。而臺灣的核電廠在國民黨的主導之下，皆符合最危險的條件，難怪上帝要在二戰後保住國民黨的一線生機在臺灣。

《啟示錄》9:16-19 馬軍有二萬萬；他們的數目我聽見了。我在異象中看見那些馬和騎馬的，騎馬的胸前有甲如火，與紫瑪瑙並硫磺。

馬的頭好像獅子頭，有火、有煙、有硫磺從馬的口中出來。口中所出來的火與煙並硫磺，這三樣災殺了人的三分之一。

這馬的能力是在口裡和尾巴上；因這尾巴像蛇，並且有頭用以害人。

一九六四年中國的軍隊和武裝力量，人數據報導有兩億人，從那時起中國的人口數目顯著增長。上帝輔助這個中共政權，就為了這場戰爭？

《詩篇》104:35 罪人必從地上滅？惡人必不再存在。再看——

《箴言》2:21-22 正直的人才能在地上安居，無過的人才能在地上存留。可是邪惡的人必從地上剪除，詭詐背信的人必從地上拔出。

上帝對「正直之人」的定義是什麼？什麼樣的人對祂來說是邪惡的呢？反正一切都是祂說了算。

那存留下來的人要幹嘛？哈米吉多頓核子大戰後的世界，輻射污染嚴重，人類後代的智商必降低許多，人還有什麼深層的哲學思考可言？就只能像一群低智能的白痴一樣：對著上帝讚美再讚美；榮耀再榮耀，這不就是上帝想要的嗎？

當然，以上所說的是上帝，祂自己的計劃，都繞著中東局勢轉，但計劃趕不上變化。

假如人類夠理智，沒打起來呢？太平洋火環帶上的高濃度核燃料棒，也可做為上帝的替補方案，反正只要使人類後代子孫變笨即可。

中國有一句諺語：「天忌英才，紅顏薄命。」由這古老中國社會的經驗值來看，上帝不太喜歡優秀的人才。

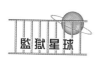

因為太有智慧的人就會去質疑，甚至看穿上帝的詭計。

福島第一核電廠核災，縮寫福島核災，係世界幾次核災之一。事發日本福島縣福島第一核電廠，這間廠由東京電力公司經營，共有六座核子反應爐，全部係沸水式反應爐，當中四座發生事故。事緣二〇一一年三月十一號，日本時間下晝兩點四十六分，發生日本東北地震，並引發海嘯。

海嘯令發電廠各核子反應爐冷卻系統失靈，為了避免爐芯完全熔毀，輻射四散，禍延全球，各方盡力灌水冷卻。但灌水不是很有效，化學作用下，令各爐多日接連氫氣爆炸，倖未全毀，部分輻射塵升上半空，輻射雲散佈關東各地，以及太平洋周邊地區，電廠周邊地區水土受輻射污染比較嚴重，人畜均不能安全食用。當中三號爐，爐殼損毀，缺口令輻射漏出，係各爐之中最危急。

地震發生後，福島第一核電廠所有核子反應爐，均安全自動熄爐，停止核分裂反應，但核衰變仍然繼續，餘熱高溫，需用水冷卻，以防過熱燒壞。

停爐後，冷卻系統需靠火力發電推動，但因海嘯高過防波堤，令處於較低窪的發電機故障，無法供電。冷卻系統亦靠電池運行八個鐘頭後，最終斷電，冷卻水循環系統就無法繼續運作。之後為了降低反應爐安全殼（圍阻體）內部壓力，核電廠職員冒死打開閥門放蒸氣出來，但最後還是導致氫氣爆炸，燃料儲存池冷卻用水跌過安全水位，令燃料棍外露，導致熔化，發生泄漏輻射事故。三月二十二號，日本經濟產業省原子能安全保安院指出，福島第一核電廠正門附近之輻射量，比平常最少多出七十倍，而一號反應爐的中央控制室輻射量，亦升到平常的一千倍。此時日本首次確認，有放射性物質外泄，承認此事故為核災。

大概了解整個狀況後，我們不得不承認，此次福島核災之所以沒有像烏克蘭車諾比核災那般嚴重，其實是運氣成分比較多，日本政府根本沒有有效的處理方案，完全是「火燒到哪，才救到那」。日本政府一般給外界的印象是謹慎、是有效率的。但碰上核災，其表現仍然顯得不知所措。

那臺灣的國民黨政府呢？馬英九總統上任後，接連發生重大的食品安全衛生問題[1]。顯示臺灣的公務體系真是爛到底，連食安都管不好了，還能管核安嗎？

臺灣核電廠高輻射用過核燃料存放密度超高，是日本的十倍以上，且同在太平洋火環帶上，核子科技層次比日本低的臺灣，在國民黨政府及其特定媒體的恐嚇下，臺灣有超過一半的人認為經濟發展必須使用核電，進而不太敢面對此事。孰不知兩者是可以脫鉤的，數據如下：

以供應來說，臺電（臺灣電力公司）所有的發電廠，如果全都同時發電，三座核

[1] 二〇一一年五月塑化劑污染食品事件：衛生署查獲飲料食品違法添加有毒塑化劑DEHP，總計有上萬噸的違法起雲劑製成濃縮果粉、果汁、果漿、優酪粉等五十多種食物香料，包括多家知名飲料、食品廠商產品在內。

二〇一三年五月毒醬油、澱粉事件：據媒體報導指出，部分自助餐店、攤販及餐廳使用的「雙鶴醬油」含有之「單氯丙二醇」超標。

市售之粉圓、板條等產品，遭不當添加工業用黏著劑「順丁烯二酸酐」，統一、愛之味、開喜（德記洋行）誤用攙了工業級防腐劑EDTA-Na2的原物料製成甜點、飲品。

二〇一三年十月食用油添加低成本葵花油及棉籽油混充，且還添加銅葉綠素調色。

二〇一四年九月地溝油混充食用油。

電廠發的電只占百分之十二點四。但臺電真正發的電，核電比率高達百分之十九，原因是臺電把核能發電極大化，因為若只看發電本身，核電最便宜。以需求來說，臺灣就算是用電高峰的七、八月，臺電的備用率超過百分之二十，也就是指在用電最高峰的七、八月，還有百分之二十的發電產能閒置。如果核一、核二、核三全都停爐，而其他電廠機組不故障、不同時歲修，也還有百分之六的備用產能。以成本來說，臺電每度電的發電成本，核能零點六九元，天然氣發電是核能的四點七倍，而每度電成本高達五點九六元的燃油，更是核能的八點六倍，臺電因此依賴核能，而閒置其他發電機組。核電廠全停電都夠用！更何況臺電是個懶人為患的國營企業，其效率遠低於一般民營電廠至少百分之二十以上，如國民黨政府真的為了經濟發展著想，就將臺電民營化，將其放在市場上自由競爭，其效率自然而然就會提升，備用產能直逼百分之三十應是合理的推論。

到時，臺灣根本不缺電！也不需任何核電！一切都是效率問題！如果再不行，還是有人擔心缺電，怎麼辦？那就發展綠能；太陽能做為輔助，總該綽綽有餘了吧！

但臺灣的綠能發展幾乎是零！

為何不發展太陽能？二〇一四年五月二日國民黨立委羅淑蕾直言，因為太陽能沒回扣可拿，所以沒人願意發展。這句話道盡了所有的問題點！

國民黨政客說的拼國家經濟是假，拼自己荷包是真。

臺灣有六個原子爐，到二〇一二年為止，三個廠分別運轉三十二年、三十年、二十七年，依此推算，則即使立即廢核，也已製造二十三萬顆份的廣島原子彈爆炸所生成的輻射物質，更是每一百個臺灣人分到一顆這種劇毒物，核電當局卻當沒這回事，繼續為利權等而玩核電。

臺灣大學資工系高成炎教授表示，目前核一、二廠的用過燃料棒被貯存在核電廠樓上，沸水式反應爐的頂樓燃料冷卻池，使用過的核燃料中有「鈽」及「鈾」等具相當高強度的輻射物質，臺灣的核電廠原先被設計為只能貯存二十年的用過核燃料，臺電卻又擴充貯存容量至最大可能容量，存放了運轉至今三十幾年所產生的用過核燃料，貯放的密度為日本核電廠的十倍以上。

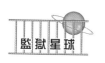

其草菅人命的心態可想而知。那這些擁核的高官自己本身難道都不怕死？

各位！請冷靜的觀察一下這些擁核的高官，他們都幾歲啦！陪你臺灣人一起死又如何，反正他們的子女或後代，拿著大筆金錢在國外逍遙呢！

更何況，上帝是愛著他們的！這些人為了神的末世計劃做出了卓越的貢獻。

核一廠耐震設計是零點三g，核二、核三、核四為零點四g，遠不如日本核電廠原本的耐震設計零點六g（g為重力加速度）。

日本核電廠為了因應強震，已開始進行耐震強度提昇工程到一點零g。

二〇〇九年十一月經濟部地調所公布最新調查，發現核電廠距離經過金山海岸的「山腳斷層」只有五到七公里。核四廠址五公里內就有六條「非活動斷層」，且貢寮核四廠址的半徑八十公里海域內，有七十幾座海底火山，其中的十一座更處於活火山的狀態。這些都更加深核電廠風險的疑慮。

核電廠的第二圍阻體水泥厚度可達兩公尺，許多人認為這種厚度發生地震損壞的機率很小。

但以日本福島核災為例，一位核電廠工程師後藤公開指出，他在設計原子爐圍阻體的時候，就已知道地震可能使爐心熔毀，並造成圍阻體破損。他已有刻意加強，但事情還是發生了。人為處置絕對比不上大型天災的！更何況這天災如是上帝刻意引發的呢？

根據《自然》（Nature）雜誌發表研究顯示，全球最危險的三座核電廠，臺灣占了兩座。核一跟核二與臺北都會區直線距離在三十公里以內，兩座周邊的人口數達五百萬人。全球第一危險的是巴基斯坦的卡拉齊港邊的Kanupp核電廠，人口超過八百萬。

但臺灣兩座電廠相加的裝置容量是Kanupp的二十三倍，存放超過萬組燃料棒。真相其實是：大臺北地區處在全球最高的核災風險裡。

美國《華爾街日報》報導指出，全球有十四座核電廠位處高活動斷層地震帶，臺灣四座核電廠都名列其中，核一廠、核二廠同時面臨地震與海嘯雙重威脅。

還記得《聖經》《啟示錄》6:12裡面所寫的「揭開第六印的時候，我又看見地大震動……」這段話嗎？

國民黨這個以利益掛帥的政黨，其政客的子女或後代，幾乎人人有雙重國籍或綠卡。他們只是一群過客而已，臺灣的長治久安從來不在這群人的規畫中。

國民黨初期統治臺灣只能靠武力，靠著填鴨式教育進行思想改造來維持政權。到了後期就用媒體的優勢不斷抹黑對手；運用其長期執政下的司法優勢來清算對手。將無知的臺灣人唬得一愣一愣的，將選票投給了國民黨[2]，進而造成足以毀滅人類文明的核安問題。

現在再回想起二次大戰後，國民黨的蔣氏政權莫名其妙的得到臺灣的統治權，現在想起來，果真是「天命」啊！

老天爺如此安排，你願意順從嗎？許多信神的人都認為老天爺是良善的；天父是慈愛的，祂這麼做一定有其原因。

那假如上帝非善類，你還會放心將你的命及子子孫孫的命交給祂嗎？如果上天的安排只是「陷阱」，你還會順從嗎？

[2] 大多數人要在國民黨執政下活得痛苦，才會去尋找根源，才能了解國民黨的本質。但平心而論：國民黨的支持者生活水平，確實比敵對陣營的支持者過得要好。這是針對「平均值」來看。上帝似乎真的對無知的選民比較好，祂似乎在幫助國名黨政權實行愚民政策，就像祂的教會在愚弄信徒那樣。

請你們好好看清現狀：就算不發生大規模核戰，臺灣或日本的核電如發生重大意外，一樣可以達到《啟示錄》8:7 和《啟示錄》8:12 那樣的效果。

祂在安排設計陷阱啊！

我老老實實告訴你們，上帝的末世計劃就是利用核爆後，高輻射污染的環境，使人類的後代變笨，最後留一點宗教的根在地上。

好讓人類漸漸繁衍出來的笨後代，能不斷的歌頌上帝，也因智商不太夠，最簡單的活動就是仰望著天空，幻想天上的神，不斷地讚美祂，讚美再讚美，像一群奴隸一樣，滿足祂們的某種需求。生活痛苦也讚美；平順也讚美。作物豐收也讚美；飢荒也讚美。

像一群白痴一樣做著簡單重覆的動作，孰不知他們幻想出來的「天」只是外太空的某種高度文明，所占的位置而已。

老子的自然天

中國古代的哲學家老子[3]將「天」看得透澈。

在古代中國社會明治未開，大多數人都還很愚蠢，當時的人最崇高的信仰為天；故天基本上為「意識天」就是經由人們幻想加工出來的。

但老子將之破除，將天化成「自然天」。「天」就是個自然空間，我將它看作一個位置。

[3] 老子（生卒年不詳）姓李名耳，字伯陽。中國春秋時代思想家，著作《道德經》被奉為道家的經典之一。他的學說後被莊周、楊朱等人發展，後人奉為道家學派之宗師。老子的作品的精華是樸素的辨證法。在修身方面，老子是道家性命雙修的始祖，於生命上主張自然，講究致虛極，守靜篤、不與人爭的修持。在宗教概念上，當時最崇高的信仰為天；故天基本上為「意識天」，但老子將之破除，將天化成「自然天」。於《道德經》原文中，可見得老子對天的看法是自然無為。於現存通俗本中第五章首行即曰：「天地不仁，以萬物為芻狗。」老子當時的諸多論述是為破除神鬼論，而非後人將其奉之為神之觀念。

於《道德經》[4]現存通俗本中第五章首行即曰：「天地不仁，以萬物為芻狗。」如「天」有所作為，那只是站在那位置上的「太空高度文明」要怎麼做而已。

那股「太空文明勢力」如自稱為上帝；創造天地的主，那大多數的人只得相信，除非你具有像佛陀或老子那般的智慧。

老子的作品的精華是樸素的辨證法。所謂「真理越辯越明」，而不是像一般宗教：叫你「信」就對了。

所謂「信主得永生；因信得蔭」這一類的講法就是教你不要用腦，只管有「信心」。說穿了只是自欺欺人罷了！

於老子《道德經》原文中曾提及的「為而不恃」、「長而不宰」，可見得老子對天的看法是自然無為。故其實老子當時的諸多論述是為破除神鬼論，而非後人將其奉之為神之觀念。

---

[4]《道德經》相傳是老子留下約五千言的著作。關於本書作者，民國初年學者認為是戰國末期的人所作，假託為春秋時期的老子所作，馮友蘭等人持此種看法；胡適等人則認為這是春秋時期的作品。

自然無為、樸素的辨證——思緒清晰了；回復靈魂的自然本位，以人類的欲望及幻像來誘捕靈魂的電子捕捉器，自然無法發揮功用，靈魂便可逃離「輪迴系統」，這與佛陀的「超脫」有異曲同工之妙。

佛陀、老子可逃離此監獄星球，成為自由的靈魂，不再受那一股「高度文明」的擺布。但佛經、《道德經》流傳超過兩千年，難免會失真，甚至失傳，或後人的修改導致各種不同的流派。不過基本精神或方法是不變的，可透過交流或討論來找到更多的事實與真相，當你越了解自己所處的環境之後，你也許可以找到適合你自己的方法。

千萬不要像那些信上帝的基督徒、猶太教徒及伊斯蘭教徒一樣，為了自以為是的真理，互相殘殺。大家同為獄友，共同目標是逃離此監獄。

如末世核災真的發生了呢？那死亡的冤魂能逃離就逃離吧！那逃不了的，或是自以為受到上帝眷顧的靈魂，將再次透過輪迴系統被丟回地球上，不過，此後他們可就沒那麼幸運了，惡劣的高輻射環境，讓再次降生於地球的人類變得比末世前還要愚蠢。

他們再也沒那個智商去瞭解佛陀的超脫之道，他們只能在世時飽受風霜，死後墜入地獄，不斷的輪迴，不斷的受苦數萬年。

直到數萬年後，高強度的輻射物質半衰期過後，輻射的危害逐漸減輕，也許人類的哲學思想會再開啟一扇窗，但也有可能悲劇重演。

上帝，那自以為是的外星高度文明，可再次的享受人類的苦楚。

第五章

論世界和平

想要信仰上帝的人類認清事實談何容易，大多數軟弱的人類在這殘酷的社會中，都需要心靈的依靠，即使這依靠是自己幻想出來的也好。

他們都將生活的不順遂幻想成上天對自己的考驗，以為死後會有公道或將所有希望放在末世，他們正將注意力集中在未來，並幻想著它的美好，依此來減輕生活的苦悶。一旦從幻想中走出來，確實會有很多人因無法面對殘酷的事實而崩潰。大多數人寧可沉溺於集體的幻想中，這種人倒也還好。

最可怕的是一些激進的教徒將「佛陀」或「老子」的哲學思想視為異端，視為魔鬼，無情的攻擊或扣帽子，將自己魔鬼般的攻擊行為合理化，以為這樣就是與神同在，可以上天堂享樂。為了享樂而去攻擊；為了讓上帝喜悅而去攻擊他們心中的魔鬼，孰不知他們已經變成魔鬼了。

像這種激進教徒最多的當屬「伊斯蘭教」。要從伊斯蘭教發源地中東地區說起：

根據杜拜阿拉伯基因研究中心（Center for Arab Genomic Studies）的研究，阿拉伯灣地區的婚姻中，有至少半數是親戚通婚；卡達至少有百分之三十五的夫妻是表兄弟姊妹。

在沙烏地阿拉伯，表兄弟姊妹結為夫婦的比例是百分之二十五至百分之四十二；至於在阿拉伯聯合大公國，比例為百分之二十一至百分之二十八。

沙烏地阿拉伯作家法塔尼（Samar Fatany）表示：大眾會誤解，是父母強迫女兒嫁給家族成員。但我們性別隔離的社會通常不允許女性與家族成員以外的男性相處，以致於許多時候，女孩子唯一墜入愛河的機會是與家族成員談戀愛，因為他們特別親近。」在阿拉伯世界，與一個陌生人成婚常會讓家人不滿；而與家族成員結婚反倒會促進家族和諧及穩定，並鼓勵一種以家族為重心的生活方式。

「我們對我們大家庭的生活方式感到非常驕傲，這是我們不想喪失的一部分傳統。」這是傳統阿拉伯家庭的觀念!?

但《古蘭經》是禁止近親通婚的：《古蘭經》4:22：你們不要娶你們的父親娶過的婦女，但已往的不受懲罰。這確是一件醜事，確是一種可恨的行為，這種習俗真惡劣！這段經文描述，在伊斯蘭教先知穆罕默德（Muhammad）那個年代，亂倫、近親通婚乃是當地人的習俗，是非常普及的一種現象。

《古蘭經》4:23：真主嚴禁你們娶你們的母親、女兒、姐妹、姑母、姨母、侄女、外甥女、乳母、同乳姐妹、岳母，以及你們所撫育的繼女，即你們曾與她們的母親同房的，如果你們與她們的母親沒有同房，那麼，你們無妨娶她們。真主還嚴禁你們娶你們親生兒子的媳婦，和同時娶兩姐妹，但已往的不受懲罰……。規定歸規定，一千多年來許多伊斯蘭教徒還是把《古蘭經》明文禁止的當成耳邊風，近親通婚的陋習還是大量的存在於伊斯蘭教社會中。

信上帝的宗教只要是對人類有益或是正義的事情，其教義與教條通常都僅供參考，不會認真的執行。

《古蘭經》不是很有力量嗎？伊斯蘭教教士為何沒有強調如此重要的訊息，他們平常宣揚教義時都在宣揚什麼？「恨」嗎？還是只有讚美真主？

澳洲梅鐸大學（Murdoch University）基因比較中心遺傳學家比托斯（Alan Bittles）表示：「人們仰賴家族、氏族以保障他們的福利。阿拉伯灣區國家社會是部族社會，這變成一個非常政治性的議題。如果中央政府萎弱，那麼氏族及部族的連繫變得更為重要。」

「對阿拉伯灣區國家的人民來說，如果你不與表親結婚，你很有可能還是要在自己的氏族或部族中找人結婚。而如果你與同氏族或同部族的人結婚，幾乎就確定了你其實還是和一名親戚結婚，這也會帶來某種程度的風險。」

「你必須要在社會優勢和潛在基因疾病中權衡優劣。」

千年來，《古蘭經》的力量還是比不過部族社會的傳統習俗啊！

將一些笨人多的地方，放入「恨」的教義在其中，各位想想會是怎樣的一個情形!?

《古蘭經》5:60說：你說（穆罕默德對經書人民說）：「我告訴你們在真主那裡所受的報酬有比這更惡劣的，好嗎？

有等人曾受真主的棄絕和譴怒（指猶太人），他使他們部分變成猴子和豬，部分崇拜惡魔，這等人，他們的地位（在復活日時在火獄中）是更惡劣的，他們離開正道是更遠的。」

《古蘭經》2:65-66說：你們確已認識你們中有些人，在安息日超越法度，故我對他們說：「你們變成卑賤的猿猴吧！」

我以這種刑罰為前人和後人的鑒戒與敬畏者的教訓。

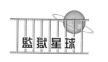

伊斯蘭教聖訓也教導憎恨猶太人：安拉的使者曾說，末日不會來，直至你們攻打猶太人。有猶太人藏身其後的石頭要開口說：穆斯林啊！有猶太人在我後面，來殺他吧！（《布哈里聖訓》4.52.177）

像這些恨的情境也會擴散到世界各地其他種族，不單單只是針對猶太人而已。馬來西亞首相馬哈地．穆罕默德（Mahathirbin Mohamad）於一九七〇年所著的一本具爭議性的書《馬來人的困境》，書中提到：馬來人不避諱近親繁殖，以致民族素質無法提升。這和阿拉伯部族的近親通婚情形相同。其結果不只是產生出一堆笨蛋而已，也會產生很多神經質個性的人。其民族性可由一九六九年五月十三日，「五一三事件」中看出端倪。

不約而同的，印尼也是以信奉伊斯蘭教為主的馬來人當家，相同的種族屠殺事件也經常上演。

黑色五月暴動（又稱一九九八年印尼排華事件）是指從一九九八年五月十三日至十六日發生在印度尼西亞棉蘭、巨港、楠榜、雅加達、梭羅和泗水等城市的由暴徒發動的一系列針對華裔社群之屠殺。暴動持續約三天，數萬名華裔受到有組織的虐待與殺害。印尼政府對此採取了默許的態度，亦有證據表明此次暴亂可能是印尼軍方所策劃。依據印尼官方調查機構「聯合實情調查團」發布的〈五月騷亂真相調查報告〉，印尼華人共計一千二百五十人死亡，二十四人受傷，八十五名婦女遭到強姦、輪姦和性騷擾。但這一數字受到了廣泛的質疑，依據一些人權組織的估計，遭到強姦的華裔婦女的數字應在千人以上。像這種集體式的歇斯底里，特別容易在民族素質低落的族群中蘊釀，等待某一個時間點，莫名其妙的爆發，一群人像中了邪一樣的大開殺戒。

總而言之，這種伊斯蘭教徒都將所有的暴力行為，稱之為聖戰。

在伊斯蘭法學裡，軍事上的聖戰常指對非穆斯林採取的軍事行動，以保衛及捍衛伊斯蘭為目的，視為被壓迫下的最後選擇，但戰爭方式則受許多道德條件的約束，如不殺婦女兒童等。聖戰是伊斯蘭法律裡唯一容許使用的戰爭詞形，穆斯林可對叛教者、叛徒、路霸、暴力團體及攻擊伊斯蘭教的非穆斯林領袖和國家等發動聖戰。

現今大部分的穆斯林只會把聖戰理解為防衛聖戰。似有一部分穆斯林選擇性的遵守《古蘭經》，他們選擇性的相信自己想看的部分，所以婦女兒童他們照殺不誤。

不過當然不是每個伊斯蘭教徒都是笨蛋，只是當一個群體裡喜歡瞎起鬨的人數超過一定比例的話，其感染力一定是倍增。

近代很多伊斯蘭教的恐怖組織，其號召成員的方式皆以威逼利誘為原則，當然啦！這些大多是狂人及笨人的幻想而已。最有名的一個宣傳語就是：聖戰士死後進入天堂，會有七十二個處女服侍你。此話可沒在《古蘭經》上出現過，只是依著上帝之名說狂妄話的人從不得報應，反而更有渲染力。

因這種人就是阿拉最愛的爪牙！

根據伊斯蘭教義，「舍希德」（shaheed）可升奶蜜河流的天堂。但阿拉伯語「舍希德」一詞的本意為「見證者」，因為天災、疾病、被無辜殺害的人均屬於「殉教」的範疇。

《古蘭經》4:74 提及：「誰為主道而戰，以致殺身成仁，或殺敵致果，我將賞賜誰重大的報酬。」

以上經文是《古蘭經》對「殉教」者死後的描述。

人就是會加油添醋，使原本的意義更為聳動，更符和人的獸性。如這群人原本的理智或智商就比一般人低的話，他們根本搞不清楚《古蘭經》到底在說什麼，他們大概也不想了解。他們只會聽一些狂人的教導，這些狂人妄加解釋《古蘭經》的含義，經文上如有一點恨，他們就可以將這「恨」擴大十倍以上；扭曲原本的道理；添加一些自己想要的在裡頭。

中國人有一句話：「秀才遇到兵，有理說不清。」當你成長的環境有一群不懂理的野蠻人時，你只有兩條路走，一個是投其所好和他們一起裝瘋賣傻，一起加入「聖戰」，然後被犧牲，至於死後會不會有七十二個處女服侍你呢？絕對沒有，只有白痴才會相信。

另一個就是一翻兩瞪眼，直接和他們開幹，打得贏就打，打不贏就逃。這個世界有這批人存在，想要和平？難！

由上帝控制的世界，想要和平，更難！

上帝要毀滅一個人，必先使其瘋狂。對！在慈愛的天父底下，神經病真是一堆啊！祂可真是慈愛。

基督徒、猶太教徒及伊斯蘭教徒所嚮往的是天堂；經過在世的種種行為或考驗，取得上帝的喜悅，死後就能在那裡享樂？有點利益交換的味道。

而佛說的西方極樂世界，其所指的是不是「天堂」呢？如您有研究過佛法，這應該不是重點，重點應是「超脫」；應是「涅槃」，經過修行後能不能成佛才是重點。

這與道家說的經過修鍊後能不能成仙有著相同的道理。那成仙與成佛到底是什麼呢？就是回復自我靈魂本身的能力，當你有了神一樣的能力後，愛去哪，就去哪，你要去佛說的西方極樂世界，倒也不是難事。在道家《莊子》一書中，他描繪的「真人」可以入水不濡，入火不熱，又可以遨遊蒼穹，與天地同壽。這演化為後世道教所描述神仙的基本神通。神仙的神通還包括辟穀服氣、寒暑不侵、行及奔馬，最高能到形神俱妙，隨時隨地可以「散而為氣，聚而成形」，天上人間，任意寄居，不受生死的拘束等。仙是自由自在的靈魂，死後能夠去極樂世界是自己決定的，是主動的。反觀信仰上帝的人們，能不能進入所謂的天堂享樂，是上帝決定的，是被動的。

我用科幻小說的思考方式來重新描繪此事：

假設地球是一個監獄，人在這受苦受難，當奴隸，被迫和一些邪惡暴力的靈魂當獄友。當你死了以後以為可以上天堂享樂了，你按照《聖經》或《古蘭經》的方法尋著光，想要尋求你心中的天堂，但上帝或天使將你攬下來，指著嚴苛的經文說：你某年某月犯了某條戒命沒有悔改！

或說：你在某時幹了什麼壞事，或動了邪念，不准進天堂！再將你丟回輪迴系統中，將你丟回這世界等候末世最後的審判。

各位如細查《聖經》或《古蘭經》的教條，除非你是個順從再順從，奴隸再奴隸的個性，否則這些嚴苛的經文一定可以挑出你的毛病，治你的罪。

且違反這些律法真的是罪嗎？

伊斯蘭教徒不可吃豬肉，如以健康觀點來看確實是如此，但這是罪嗎？頂多只是不太健康而已吧！以此治人的罪實在太牽強。這還只是其中一項。

上帝定了一些莫名其妙的罪在經文裡，彷彿陷阱一樣，總是會有人踏入。

如你沒有遵循《聖經》或《古蘭經》的方法，反而是參考「佛陀成佛之法」或「老子《道德經》裡的觀念」自尋出一條越獄的途徑，讓上帝這股勢力的人找不到你，讓你可以逃離輪迴系統，讓你可以超脫！我這裡寫「參考」而不是「遵循」，其用意是在指出能否逃離監獄星球，最主要關鍵還是在你自己！

佛經或《道德經》所說的是佛陀或老子他們自己的方法，並不完全適合每個人的靈魂特質，要取其精髓及要領，要學習而不是信仰，其方法是主動的而不是被動的。

沒有罪不罪的問題，只有成功與否的問題。跳脫二元對立的宗教觀，現在的佛經也有所謂的假經，將人帶入二元對立的思考模式裡，所以假如你只是遵照著文字敘述行，很容易失敗做白工。最後還是要靠你個人的智慧或體驗來尋求最適合你的方法。佛教說的修身，道家說的修鍊，就是這個道理。師父引進門，修行在個人。

我有一個很簡單的想法：如地球上的每個人，對於人生及宗教的態度，都像佛家講求內心的平靜或道家說的清靜無為，凡事不先入為主，這樣還吵得起來嗎？《道德經》第十六章：「致虛極，守靜篤，萬物並作，吾以觀其復。」意思就是說：教導我們如何運用感知能力，體會自然變化的真正意涵及奧妙。

要修靜者將無謂的思緒丟掉，保持清靜但有意識的狀況下去感受，此時會發現萬物事實上都是在運行當中，但只須觀察其中的運行變化，而不做任何的干擾或評論。

如這種看待事情的態度能夠普及，變成人之間、宗教間的基本禮儀，那麼世界和平的目標，就再也不用人去追尋了，它必自然而然的發生了。

但這地球上眾多勢力中，只要有一方不這麼想，那麼以上的「想法」就無法成立。

因為面對一群不理智的人，沒有必要坐以待斃。

那麼反觀基督教或伊斯蘭教的態度是什麼呢？上帝以外的勢力，都是撒旦！拜偶像的皆是屬於魔鬼……沒錯！看看這些東方宗教的寺廟，有很多都是拜偶像的，非洲部落巫術文化也屬拜偶像的，這些文化基本上都有一些共同特徵：起乩、交鬼、算命、預言等等。

如果您到過東亞的一些寺廟看過乩童起乩的畫面時，不免懷疑這些人是藥物作用；還是本身頭腦有問題？

簡言之，給人的感覺是聳動的；是不安的；是敬畏的。這和伊斯蘭教先知穆罕默德（Muhammad）所說的：自己是最敬畏神的人，所指的「敬畏」是否相同？

回想一下《聖經》《啟示錄》所寫的：天上起了爭戰，米迦勒和他的使者與龍爭戰，龍和牠的使者也爭戰，並沒有得勝，天上再沒有他們的地方。

大龍就被摔下去，牠是那古蛇，名叫魔鬼，又叫撒旦，是迷惑普天下的，牠被摔在地上，牠的使者也一同被摔下去。所以諸天和住在其中的，你們都要歡樂。只是地與海有禍了，因為魔鬼曉得自己的時候不多，就大大發怒下到你們那裡去了。

是上帝將魔鬼傾倒在地球上的！

魔鬼如何折磨人的？魔鬼會有如此的權柄，上帝難道就沒有責任嗎？那魔鬼的權柄是誰給的呢？

《路加福音》4:6說得很清楚：耶穌被聖靈充滿，從約旦河回來，聖靈將他引到曠野，四十天受魔鬼的試探。魔鬼又領他上了高山，霎時間把天下的萬國都指給他看，對他說：「這一切權柄、榮華我都要給你，因為這原是交付我的，我願意給誰就給誰。你若在我面前下拜，這都要歸你。」由以上經文可得知，魔鬼的權柄其實就是上帝給的！今日這些拜偶像的廟宇難道都沒有神力？

上帝和魔鬼總是唱雙簧。

之前的文章有提到過上帝是如何幫助國民黨這個邪惡政黨來統治臺灣的吧！那祂同時也會扶助其他邪惡政權也是符合邏輯之事；符合祂的行為模式。

將人陷入二元對立的邏輯思考當中！因魔鬼邪惡的折磨我們，所以我們需要上帝的救贖？

以下就是一個典型基督徒被魔鬼侵擾的案例：

父親與其同窗（王某）之間的恩怨，原來兩位老人家之間有許多過節，感情極為不和睦，王某本身是行邪術的，常為人作法術、看風水，為了發洩對父親的怨恨，竟向我父親這個有五兄弟的家庭行邪作法，自此，我的家庭就被魔鬼侵入，而陷入愁雲慘霧之中，過著永無安寧的日子。

在我七、八歲的時候，晚上睡覺常常有魔鬼壓住我的身體，使我動彈不得；在學校上課，前一天所學習的字，第一天上課時竟然都不認識了，而且所作的每一件事，隔日就忘記。此外，不管我走到哪裡，總是感覺怕怕的。小時候，魔鬼就這樣纏繞我，弄得我心神不寧，無法讀書，二年級尚未讀完，就退學了。以後隨叔叔到山上採藥草，並學習接骨術。但是魔鬼並沒有放過我，牠常常在我睡覺的時侯擾亂我，讓我亂講話，有時候，也讓我聽到自己所講的話。大部分的人都有一個快樂的童年，而我的童年是在恐懼戰兢中渡過。

魔鬼並不憐恤人，牠的工作隨著年歲的增長，而更加的厲害。當兵回來時，我晚上幾乎都無法入眠，因為只要把眼睛一閉上，牠就出現了。

為了解脫魔鬼的枷鎖，只好求助於坊間神壇街的術士，希望藉著他們高超的法術，驅除這些鬼神；結果，不但沒有好轉，反而更加厲害。

魔鬼見我去找術士，就另外找來兩個同伴，牠們的臉面一半是黑色，另一半是金黃色的，樣子就像廟裡面所擺列的偶像，甚是恐怖。

白天我坐在家中，牠們讓我昏昏沉沉、迷迷糊糊的，對我說：「你可以死了！」我說：「我為什麼要死？」說著，牠們就變出一副棺木來，兩個鬼合力將我拉進棺木裡面，我用盡全力推開，終於將牠們推跑了。此時我全身無力，如癱瘓似的躺在床上，覺得頭很沉重，想到剛才那恐怖的情形，餘悸猶存，心中驚恐萬分。約莫兩個鐘頭頭之後，牠們又出現了，三個鬼六雙手，朝著我的肚腹亂揍一頓才離去。我被打得暈頭轉向，根本就沒有還手的餘地，這痛苦的情形實非筆墨所能形容。魔鬼見我常去找人來趕逐牠，就變得更凶狠，幾乎每個晚上都來揍我，每一次都被打得死去活來的。早上起來，我的臉色呈黑青狀，非常難看，整個人都沒有精神。如此四處求告無門、走投無路，真不知如何是好！

有一位朋友勸我信耶穌，我回絕他說，我們豈可不拜祖宗，而去拜耶穌呢？問題是祖宗也沒幫我什麼。這四十年來，我被魔鬼折磨得不成人樣，正當絕望之時，一天心中突然湧現一個念頭：「應當信耶穌」；我立時想到那位結拜的兄弟賴某，他們全家最近信了耶穌，我常去他家玩，看到他們家沒有拜偶像，日子卻過得很平安，心裡很羨慕。魔鬼知道我有心要信耶穌，就來阻擋我：隔壁有一位小孩子被人家行邪術，弄得精神錯亂，賴某的堂弟誣賴我，說是我行邪術使那孩子發瘋，為了證明自己的清白，我就當著他們的面，拿香發咒起誓。

後來我向賴某的母親打聽信耶穌的事情，她邀請我到耶穌教會聽道理，我就開始接觸教會。慕道一年當中，知道自己以前所拜的偶像不是真神，信耶穌才是拜真神，且可以得平安，就對生命燃起一線希望，教會的傳道與信徒為我除掉家中一切偶像，我立志從此專心信靠耶穌。

這段時間魔鬼很少出現，偶而牠又要來擾亂時，我便心裡倚靠主，求主耶穌幫助，魔鬼就跑掉了。

感謝主耶穌保守我的生命，使我有機會接受洗禮，成為神的兒子。受洗至今，魔鬼再也沒有出現過，我們全家也都在主的看顧之下，得到平安與快樂的生活。主恩浩大，不知何以報答，願藉這親身的經歷，讓大家認識全能的救主耶穌基督，早日歸向真神。榮耀歸給主，阿們！

類似的故事是不是每個教會都有啊？故事中的魔鬼在幹嘛呢？不斷的折磨人，毫無轉圜的餘地，將此人的一生弄成一條死胡同。

此時耶穌在胡同中開了一條路，任何人看見這條路都會走，因這是唯一的機會，走出魔鬼建立的死胡同……。我們放遠一點看，魔鬼拿著牠的權柄（上帝給的）將人趕入死胡同中，並虐待人。耶穌此時在胡同中開了一條路，引導人進入一個他自認為安全的處境裡（教會裡），只求不要被魔鬼虐待折磨，對這個人來說就算安全了。如果將這人看成是迷宮裡的老鼠呢？被魔鬼驅趕著，最後跑進教會，魔鬼就不再驅趕，是不是有點落入陷阱的感覺？

事實上，上帝並不以和平為手段來讓人信仰祂的。祂是用「恐懼」及「痛苦」，有點和魔鬼唱雙簧的味道，引導人信仰並讚美祂。

這些被嚇壞的人們無法思考上帝或耶穌以外的事物，因他們最怕的就是魔鬼再來找他們麻煩。對人是如此，那對於國家呢？

祂真的希望人類和平相處嗎？還是將人類引導至「哈米吉多頓」那樣的核子大

戰，讓人的後代在高輻射污染的環境下成長，繁衍出一堆笨蛋來讚美祂，榮耀祂。

這世界的紛爭，並不單單只是人類的貪婪或暴戾所引起的。這世上的紛爭很容易讓人陷入二元對立的思考模式裡，你對，我錯；你正義，我邪惡；你與神同在，我沒有。

你的專注力永遠停留在誰是誰非之中，深怕對方勢力的侵擾，讓你變輸家，讓你和家人的命運變悲慘。由於「恐懼」使得你不得不將專注力集中於二元對立的邏輯思考當中。

像佛家與道家這種平和又有深度的思考模式，是否對上帝來說是種威脅？當世界真的和平了，人們有更多的時間及專注力去思考靈魂的本質。

這樣上帝的本質也可以拿來思考了，還是上帝不想讓人去了解祂的本質？《聖經》上說：不可試探主——你的神。

這代表祂不想讓人知道的事情可多著呢！

那是不是上帝將拜偶像的這些寺廟融入佛家與道家呢？

佛家與道家的思想，長時間被人當做一種拜偶像的宗教來看待，事實上老子當時的諸多論述是為破除神鬼論，而非後人將其奉之為神之觀念。

佛教最初的「小乘」流行時期（佛陀涅槃後五百年），並沒有佛像，一般用佛的腳印圖或菩提樹做標記。

自「大乘」佛教流行（約公元前二〇〇年）才開始雕刻塑造佛像。是否有某一股力量將佛家與道家和「拜偶像」的行為綁在一塊？再將「拜偶像」的行為與魔鬼綁在一塊？如無法證實是上帝幹的，我們也必須認清一項事實：要學佛而非拜佛，將拜偶像的與之分開，必更能清楚的知道我們所處的狀況。

拜偶像的人和信上帝的人，其共同特徵就是將重點放在最終的「結果」上。「結果」一出來了，眾人也就停止思考了，這世界的真面目沒有人再去思考，因眾人將目光放在上帝所丟出來的這個「結果」上。但放遠一點看，放大一點看，……沒有「結果」！它還沒有「結果」，端看我們如何行。

第六章

論「吸引力法則」

「吸引力法則」作為一個正式的術語誕生不過一百多年的歷史，但是它背後的精神卻存在於古老的印度人的信仰之中，或者也可以看成是它曾經真實的存於地球的歷史之中，某一群人在某個地方真的可以妥善的運用「吸引力法則」來改變生活，就像巫師一樣。

但耶和華這股外星勢力，怎麼能任憑人們主導自己的人生呢？祂必定打壓或扭曲「吸引力法則」，使其沉寂了好一段時間。

直到近代，隨著印度教對通神學的影響，才挖掘出吸引力法則的概念，逐漸出現在一些早期的有關通神學的文獻中。

一九〇六年，「新思維」的雜誌編輯威廉姆・沃爾特・阿特金森（William Walker At kinson）在他的「新思維」書籍《思維波動或思維世界的吸引力法則（Thought Vibration or the Law of Attraction in the Thought World）》一書中介紹了「吸引力法則」。一九〇七年，布魯斯・麥克萊蘭（Bruce Mac Lelland）出版了他的《想像力帶來富有（Prosperity Through Thought Force）》，在書中，他對吸引力法則做了總結，並提出「你是你所想，而非你想你所是」（You are what you think, not what you think you

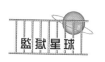

are.）的概念，之後，有關吸引力法則的研究層出不窮。

大家都想知道成功的祕訣，想要掌控自己的生活。但人畢竟只是人，生活在地球上受環境影響命運的人還是占大多數。「吸引力法則」的思維與運作方式還是說不出個所以然來。

在此之後的半世紀中，有關「吸引力法則」的研究似乎乏善可陳，自然也就隨著時間沒落了，取而代之的又是一些被動的傳統宗教概念。

但人對於自己命運的掌控，絕對不會只安於宗教概念。我們先將「吸引力法則」這種似有非有，若有似無的引力看成是這個世界的運作方式如何？

既然是一種運作方式，就一定會隨著時間與人為因素而改變。那麼是誰在運作這個世界呢？一般人會將之想像成神或上帝之類的名詞，也可以由此運作方式來了解上帝的性格。

古老的印度教通神學，距離今天也有好幾千年的歷史。也許當時的人們，在耶和華來不及干涉的情況下，真的可以透過自身的潛能開發，並運用一些訣竅，來實行「吸引力法則」。也許當時的某些人真的可以心想事成？但上帝對於這世界的控制欲是可以提升的。當時的「吸引力法則」用在現今的環境之下也許施展不開。「吸引力法則」是當時的人與所在環境互動所產生的力量，如耶和華改變了環境的某些要素，那人與環境的互動機制也隨之改變。現今的「吸引力法則」與當時的不盡相同，但人的思緒與環境的互動依然存在，二十世紀九〇年代後有關「吸引力法則」的研究可看出上帝是如何設計出人們所處的環境。

二十世紀九〇年代，傑瑞・希克斯（Jerry Hicks）和埃絲特・希克斯（Esther Hicks）出版了包括《亞伯拉罕的教義（The Teachings of Abraham）》及《情緒的驚人力量（The Astonishing Power of Emotions: You are your Feelings Be Your Guide）》在內的一系列著作，因為這些書籍的暢銷，關於吸引力法則的信息和資料再次廣泛被人接受。而直到二〇〇六年，一部叫做《祕密（The Secret）》的電影才真正讓「吸引力法則」的概念風靡了全球。

但諷刺的是隨即在二〇〇八年就發生全球金融風暴[1]。難道「吸引力法則」沒什麼用？還是作用只有一點點？或是有某股勢力暗中搞破壞!?

最有可能的是現今的「吸引力法則」只是上帝操控人們的設計原理而已，依老天爺的性格來設計。

吸引力法則可以簡單定義為——「關注什麼，就吸引什麼」。這個意思就是說，你所關注的事情往往最有可能出現在你的生活當中，也就是你的意識和想法會吸引那

[1] 二〇〇七年~二〇〇八年全球金融危機（英語：Financial crisis of 2007–08），又稱二〇〇八年世界金融危機、次貸危機、信用危機、二〇〇八年華爾街金融危機，是一場在二〇〇七年八月九日開始浮現的金融危機。自次級房屋信貸危機爆發後，投資者開始對抵押證券的價值失去信心，引發流動性危機。即使多國中央銀行多次向金融市場注入巨額資金，也無法阻止這場金融危機的爆發。直到二〇〇八年九月，這場金融危機開始失控，導致多間相當大型的金融機構倒閉或被政府接管，並引發經濟衰退。

些你所關注的事物。最有名的例子就是日本首富孫正義[2]的故事，他的成長經歷說明：如果我們帶著信念和夢想上路，吸引力就會發生作用，成功就可能更容易到來。

孫正義兩、三歲的時候，他的父親一再告訴他：「你是天才，你長大以後會成為日本首屈一指的企業家。關注什麼，就會吸引什麼，這就是吸引力法則。

在孫正義六歲的時候，他就這樣跟別人做自我介紹：「你好，我是孫正義，我長大以後會成為日本排名第一的企業家。」孫正義每一次自我介紹都加上這一句話，他很幸運的獲得上帝的憐憫，使他成為一個大企業家，直到他後來成為日本首富。

孫正義的例子就是典型的布魯斯・麥克萊蘭在一九〇七年提出的「你是你所想，而非你想你所是」（You are what you think, not what you think you are）的概念，但布魯斯・麥克萊蘭的概念似乎不能適用於所有人的人生，大多數的人在年輕時都有一

[2] 孫正義是軟體銀行集團公司的創始人，現在是該公司的總裁兼董事長。他在不到二十年的時間內，創立了一個無人相媲美的網路產業帝國。他的這個帝國並非是受其統治的帝國，而是一個由他支持扶助的高科技產業帝國，他不是在自己獨自享受，而是為使更多的人掌握高科技信息，貢獻出他的智慧與才能。

定的理想和抱負吧？

尤其是那些讀名校的新生，在踏進校門前一定自認為自己有多優秀吧？他們大多會認定自己將來一定很有前途，有些人甚至認為自己將來會不可一世。

那麼，按照布魯斯・麥克萊蘭的理論，那些讀名校的新生應該大部分都前途似錦才對，至少要一半的人有所成就才對。但實際上百分之九十的名校畢業生，其實就是個老百姓而已，沒什麼特別的。

這種自以為了不起的人，演藝圈（藝能界）是最多的。看那些年紀輕輕就走紅的歌手及影星，他們大概都認為自己可以一直紅下去？但他們大多只能曇花一現而已。

坊間的很多著作都強調：吸引力法則並不是「魔法」，你肯定不能僅僅通過幻想就得到物質財富、實現個人理想，你還需要實際的行動。

但在付出同等努力的情況下，如果你善於運用吸引力法則，那麼實現你理想的未來的可能性就會增大。

他們講的都是成功機率相對的增大，不是絕對的你就會成功，這說法聽起來有些不負責任是吧!?事實上如果大環境好，成功的機率就會增加，成功的人或認為「吸引力法則」有用的人自然會增加。像這種事情人怎麼說都對，不過可以理解的就是「大環境」還是占了很重要的因素，如將「大環境」看成是這個地球的運作，那是誰在運作的呢？上帝（耶穌）肯定有占一大部分。

在生活當中，人人都希望自己健康、快樂、富有，可是有時候雖然我們的願望很虔誠，吸引力也沒有辦法讓你把所有的願望都實現，甚至於完全沒有實現。這法則的支持者認為：並不意味吸引力法則失效了。吸引力法則的作用在於它會增加讓願望變成現實的概率，如果不懂得方法，概率就會下降。於是他們因著智慧、觀察、討論、知識及經驗研究出一些論點，認為需要澈底運用吸引力法則的一些關鍵點，才能事半功倍。

我們也可藉著這些關鍵點了解到這世界的運轉狀況，瞭解上帝（耶穌）是如何運作這世界的。

其最主要的五個關鍵點如下：

一、喚醒情緒的力量，為什麼你越想要，你就越得不到？

相信這是每個人都有的深刻體會。這有點像是牛頓的第三定律（作用力與反作用力），當你極想要某件事情發生時，你將情緒的力量專注於這件事上，事實上就是你施了一個力量在這事物上，這事物受了你的力量後被推開了，你極想要的某件事情或事物，它反而離你更遠。這就是上帝的基本設計概念，就是這樣設計這世界的運作的，祂就是要這樣對人，這就是祂的個性。

這又讓我想起了《Alien Interview》裡的電子捕捉器作動機制：「靈魂越想掙脫，就越被自己所發出的能量給束縛住」，像是陷入流沙一樣，越是掙扎，下沉得越快。

情緒是有力量的，當上帝的邪惡系統偵測到這股力量時，便盡其所能的將您的現狀，往您所希望的反向前進，讓您的盼望越來越遠。

這時您的情緒就會改變，可能變得更積極，也可能一蹶不振。不管如何，您所散發的力量，正是耶穌這股外星勢力想要的。

二、專注和夢想成真的技巧

每個人的內在都有一股神祕的魔力，要運用什麼方式「發願」？什麼是錯誤的方式？

許願要用現在式，要不斷想像已得到的感覺。或是過著自己的願望已達成的生活等等，自我感覺良好就是實現吸引力法則的關鍵。

這類型方法的運用，最常被用來做「吸引力法則」的見證。簡單來說，就是專注於你想要的事物身上，並沉溺於你所創造出來的幻覺中。

專注有三大要素：要求，相信，接收。先弄清楚你想要什麼，再來試著欺騙自己已達成願望了，並沉溺於成功達成願望的喜悅與生活當中。

這像不像信教的過程：尋求真神；在教友的見證與鼓勵之下相信你的神及其經典；受洗接受真神是你的主；相信祂是愛你的；相信祂為你預備的一切都是美好的，你應當喜悅！如有一點懷疑（沒信心）而導致失敗，那就是你個人的問題。你必須全心全意的信靠主，信心不可動搖，像奴隸一樣，沒有自主思想。

如果這世界要這樣才能成功，或者說要如此行上帝才會保祐你達成願望的話，那上帝運作人生的機制是什麼？

就是「自欺欺人」，上帝希望人如此。

那什麼是錯誤的方式？此項的關鍵又回到了第一點，當你不再這麼想時；或當你從幻想中走出來時，剎那間你的情緒是什麼？那情緒會施一個力道給你的願望，讓它離你更遠。所以當你不再這麼想時，你會有反效果!!上帝希望我們活在假的世界裡，一醒過來祂反而會發脾氣，祂不希望我們看到什麼？

耶穌曾說過的一則故事可讓我們更加了解祂的想法：

有一個貴胄往遠方去，要得國回來。便叫了他的十個僕人來，交給他們十錠銀子（「錠」原文作「彌拿」，一彌拿約銀十兩），說：「你們去作生意，直等我回來。」

當這個貴胄回來時，頭一個上來說：「主啊，你的一錠銀子已經賺了十錠。」

主人說：「好！良善的僕人，你既在最小的事上有忠心，可以有權柄管十座城。」

第二個來說：「主啊，你的一錠銀子已經賺了五錠。」

主人說：「你也可以管五座城。」

又有一個來說：「主啊，看哪，你的一錠銀子在這裡。我把它包在手巾裡存著。我原是怕你，因為你是嚴厲的人：沒有存放的還要去收取，沒有種下的還要去收割。」

主人對他說：「你這惡僕，我要憑你的口定你的罪！你既知道我是嚴厲的人，沒有放下的還要去拿，沒有種下的還要去收。為什麼不把我的銀子交給銀行，等我來的時候，連本帶利都可以要回來呢？」

主人就對旁邊站著的人說：「奪過他這一錠來，給那有十錠的。」

他們說：「主啊，他已經有十錠了！」

主人說：「我告訴你們：凡有的，還要加給他；沒有的，連他所有的，也要奪過來。」

這個故事說出吸引力法則失敗的關鍵點，有的人可以用一賺十，有的人可以用一賺五，這些都是因為他們忠心地做買賣的結果，經歷了十倍、五倍的倍增。有一個人卻一開始就把自己的一錠銀子藏起來，看起來是小心翼翼的守護著主人的財產，但是卻用受害者的心態，埋怨主人是嚴厲的人，卻抱怨主人沒有存放，主人沒有去播種，所以賺不到錢。但仔細想想，第三個人不就道出一項事實嗎？

主是嚴厲的；是讓人害怕的。當你揭穿主的真面目時，祂反而會發脾氣，反而會奪去原本應屬於你的東西。

三、清理你的負面情緒與內在限制，如何釋放負面情緒，清理內在限制？觀念篇。

關鍵就是，同頻會共振，共振會相吸。當你有負面想法，比如說：這不可能成功的啦！或我的運氣真不好等等負面情緒，會和「真的不可能」或「真的運氣不好」產生共振，並把它吸引過來，這時你的負面想法就會「成真」！

和它相呼應的有莫非定律（Murphy's Law）[3]：如果你擔心某種情況發生，那麼它就更有可能發生。

《新約聖經》上，耶穌也說過類似的話：那想救自己生命的，反而會喪失生命。你所懼怕的必臨到你身上。

---

[3] 莫非是美國愛德華茲空軍基地的上尉工程師。一九四九年，他和他的上司斯塔普少校，在一次火箭減速超重試驗中，因儀器失靈發生了事故。莫非發現，測量儀錶被一個技術人員裝反了。由此，他得出的教訓是：如果做某項工作有多種方法，而其中有一種方法將導致事故，那麼一定有人會按這種方法去做。莫非定律的適用範圍非常廣泛，它揭示了一種獨特的社會及自然現象。它的極端表述是：如果壞事有可能發生，不管這種可能性有多小，它總會發生，並造成最大可能的破壞。與「帕金森定律」和「彼德原理」並稱為二十世紀西方文化三大發現。

《以西結書》11:8：「你們怕刀劍，我必使刀劍臨到你們。」這是主耶和華說的。你再去對照第一點就會發現：你想要的就會像牛頓的第三定律一樣：「被推開！」你非常不想要的，反而會和你產生共振，因而接近你，被你吸引過來。

上帝這樣設計，是刻意要虐待人吧!?但對真正邪惡的領導人或企業家卻又不是如此，是什麼樣的個性會這樣設計呢？

四、培養直覺力，靈機一動，不是不行動，而是如何輕鬆行動創造奇蹟？

內心的一個想法突然間出現，就馬上去做，連想都不用想就去做，因想的過程中很容易產生情緒能量，吸引電子捕捉器的追蹤，或引起上帝的注意。

祂的機制基本上就是搞破壞，但假如你不讓祂發現呢？如何才不被祂發現呢？

由於靈機一動多是出奇不意，不用太多的思考就不會產生太多的能量，往往可突破電子捕捉器的封鎖讓你的願望不被捕捉到，你的願望超脫了束縛，沒人可以阻止它，它就可以實現了!!

五、放下而得到實現夢想就像尋找鑰匙一樣，你越找越急，它就不出現，但當你不去尋找，它往往就會實現。

我以荷蘭名畫家梵谷的生平來講解：

文森・梵谷於一八五三年三月三十日出生於荷蘭南部北布拉班特省，位置靠近布雷達的村莊津德爾特。他是安娜・柯妮莉雅・卡本特斯與西奧多魯斯・梵谷之子，其父西奧多魯斯是荷蘭歸正宗教會的神職人員。他乃生於典型的基督教家庭，只不過這一點也得不到上帝的一點憐憫。

只因卓越藝術家的敏銳官感，可察覺上帝的真面目。

第一次，巴黎傳來了對他的某些作品有興趣的消息。春季，梵谷創作了現被視為他第一幅主要的作品《吃馬鈴薯的人》。

到了八月，梵谷在油畫商盧爾斯在海牙的展覽櫥窗，首次展出了他的作品。九月，梵谷遭指控，指他讓他的一名年輕農家模特兒懷了身孕，儘管該女孩聲稱孩子的爸不是文森・梵谷的，但天主教村神父還是禁止村民為梵谷做模特兒。由此可知教會的本質是有多麼的愛誣賴別人。

一八八五年，文森創作了數組靜物畫。《草帽與煙斗的靜物畫》，以及另一幅同時期的畫作《砂鍋與木屐的靜物畫》，都充分表現了梵谷畫技的熟練非凡，兩幅畫皆展露了平穩、嚴密的筆觸與色彩細緻變化的特色。

當時梵谷常用的色系是昏暗的大地色調，尤其喜愛深褐色，但卻不見任何在他後來的知名畫作中，鮮明生動畫風的發展痕跡。文森抱怨他弟弟西奧沒有在巴黎付出足夠的努力來出售他的畫作，西奧駁斥，指它們的色彩太暗淡，沒有擠進當今流行的鮮亮印象派畫風。

當時的社會不夠多元化，當你與主流脫鉤時，你就一無所有，哪怕你的作品夠水準，還是無法帶來任何成就。

梵谷在一八八八年二月赴法國南部的阿爾勒旅居。他租賃房屋，高更於十月來訪，十二月離去，隨後梵谷的左耳於一八八八年十二月聖誕節左右被割去一大半。普遍認為，梵谷由於與好友高更發生爭執，高更憤怒之下離他而去。梵谷因情緒激動而導致精神失常，於十二月二十三日晚揮刀割掉自己的左耳。

關於割耳事件的原委，學術界也有不同說法。但此一論點爭議性頗高，因此此事件目前尚無任何可靠解釋。但可以想見是長期不順遂的壓力導致他精神失常。

我想他是真的急了，努力了這麼久還是一點成就都沒有，證實了「吸引力法則」的關鍵特色：你越找越急，它就偏不出現。

十二月二十三日傍晚，梵谷可能有、也可能沒有拿剃刀威脅高更，但是他的確割下自己的耳朵，並且大約在晚間十一點半，將割下來的耳朵送給當地的妓女拉歇爾（Rachel）作為禮物。

他在一八九〇年五月二十一日去巴黎北部村莊瓦茲河畔歐韋接受保羅・嘉舍（Paul Gachet）醫生的醫治。他在七月二十七日傍晚散步時自殺，終年三十七歲，三十日葬於瓦茲河畔歐韋的公墓。

梵谷割耳，急於尋找愛，連妓女都可以，他已降低標準了，上帝不給就是不給。把他逼瘋了，逼死了，作品才大放異彩。

人死了以後自然而然的必須放下生前的一切，如他生前所願，他的畫作成為了經典。「吸引力法則」的關鍵：當你不去尋找，它往往就會實現。

關於「吸引力法則」的這五個關鍵點，看起來不像宇宙的真理，而是統治這個地球的上帝佈下了一堆陷阱，你要妥善運用及了解這五個關鍵點來逃離祂的陷阱。但有些至邪的企業家、政治家族、含著金湯匙出生的人，就像我之前提到的國民黨連家及彭孟緝家族一樣，他們根本不用甩「吸引力法則」，因上帝會對他們特別照顧。

《舊約聖經》《申命記》8:18：「你要記念耶和華你的神，因為得貨財的力量是祂給你的，為要堅定祂向你列祖起誓所立的約，像今日一樣。」

此段話講白一點意思就是說，耶和華要給就給，祂要是不給，「你的吸引力法則」怎麼吸都沒用。

既然上帝可以直接給人成就，那祂為何要阻礙梵谷那種人呢？難道單單只是「天忌英才」而已嗎？

Willemvan Goghet 燃燒的靈魂！首先，先從他的作品開始說起。

《星夜》畫中流露出濃烈的情感而出名，畫中崇高的宗教熱誠，使其成為十九世紀最傑出的宗教畫之一。請注意！這幅畫和上帝有關。

作為表現性的後印象主義畫家梵谷的作品，這幅畫有很強的筆觸。油畫中的主色調藍色代表不開心、陰沉的感覺，很粗的筆觸代表憂愁。

畫中是一個望出窗外的景象。畫中的樹是柏樹，但畫得像黑色火舌一般，直上天際雲端，令人有不安之感。天空的紋理像渦狀星系，並伴隨眾多星點，而月亮則是以昏黃的月蝕形式出現。整幅畫中，底部的村落是以平直、粗短的線條繪畫，表現出一種寧靜，但與上部粗獷彎曲的線條卻產生強烈的對比。一般的評論員認為，在這種高度誇張變形和強烈視覺對比中體現出了畫家躁動不安的情感和迷幻的意象世界。

那他是否也表現出這世界的部分真相……那令人不安的一面？

底部的村落表現出一種寧靜，象徵人們原本安居樂業的在地上生存。

上部粗獷彎曲的線條；柏樹畫得像黑色火舌一般，直上天際雲端……統治這世界的老天爺，其惡魔般的本性被梵谷給察覺到了！

對照耶穌所說過的故事，那貴冑忠心的僕人與那位看破主人真面目的僕人，文森・梵谷比較像哪一位？

梵谷，其作品能喚醒靈魂深處的真相，所以祂（上帝）就是要搞你。

如果哪一天你發現你是某方面的英才，千萬別高興得太早，你要有心理準備，小心老天爺特地為了你準備的陷阱。

上帝不想讓我們知道宇宙的真相，連部分真相都不想讓我們知道。唯恐我們知道真相以後，會認清上帝的真面目。

當我們認清了老天爺的真面目時，我們實在很難發自內心的去讚美祂！

當上帝不再受到人們的讚美時，祂還有存在的目的嗎？

第七章

讚美主，你的神？

之前用臺灣的近代歷史；末世核災的影響及近代眾人爭相研究的「吸引力法則」來表現出上帝的個性；計謀及運作這世界的方式。

當人了解這一切後，實在很難再去讚美上帝。但為何基督教、伊斯蘭教及猶太教，這以亞伯拉罕的神為主的宗教，那麼的注重讚美神呢？

讚不讚美有那麼重要嗎？中國共產黨奪權的過程中，有一重要的技倆：謊話宣傳一千次後，就變成真的了！這是基本人性。

本人剛加入基督教會時對於「信上帝」這概念懵懵懂懂，也感受不到耶穌愛我，教會的方法就是不斷的讚美神，讚美再讚美。

到了後來，我真的是發出內心的讚美，我想其他教友也是。我當時還真以為基督教的神有多偉大呢！

我們為何要讚美神？以下是一般教會的理由：

一、因祂自己配受讚美

「我的心哪，你要稱頌耶和華，凡在我裡面的，也要稱頌他的聖名。」

在經過教會的思想洗禮與催眠之後，大多數教友都會認為：因為耶和華本身配受讚美，他不但給光與我們，他自己就是光；他不但愛我們，他自己就是愛，他自己是可愛的，因此配受讚美。偶而從自我催眠的幻境中走出來（教會稱之為軟弱），你真會有一個想法：為何不是耶和華有什麼作為後我們再讚美祂，反而是我們自己告訴自己，催眠自己「耶和華」有多麼神聖呢？對照一下現實世界與歷史結果，一點都不覺得「耶和華」是愛。甚至於《聖經》上所描述的也大多是上帝殘忍的一面。就算是有什麼公義的事出現在你的人生中，如何確定那是耶和華的作為？

敬拜與讚美有關「敬拜」的解釋請看，《羅馬書》12:1：所以弟兄們，我以神的慈悲勸你們，要把身體當作活祭獻上，是聖潔的，蒙神喜悅的，這是你們理所當然的事奉。（看完這一章節後，你會發現，原來耶穌所謂的敬拜並不比拜偶像的人高到哪裡去，原則都是一樣的：神高高在上，人將祭品獻上）。

有關「讚美」的解釋請看：《詩篇》66:3-6：當對神說：你的作為何等可畏！因你的大能，仇敵要投降你。全地要敬拜你，歌頌你，要歌頌你的名。

你們來看神所行的，他向世人所做之事是可畏的。他將海變成乾地，眾民步行過河；我們在那裡因他歡喜。（講了那麼多，重點只有一個：祂很強，祂何等可畏！所以你、我、眾人都要讚美祂。這又是一個二元對立的思考邏輯。）

敬拜讚美之時又如何？敬拜讚美之時不是提起需要及神的恩典，乃是提起神自己……祂是上帝。

二、因他的恩惠

「我的心哪，你要稱頌耶和華，不可忘記他的一切恩惠。……」教會常告訴我們所有的恩惠都要算祂的！那我反問：不幸算誰的？

以下是教會聚會時常說的臺詞：神的恩惠環繞我們。我們今日有機會在這裡聚會，乃是神的恩惠。能看見有兄弟姊妹也是神的恩惠。（好小的恩惠，也可拿來說嘴!?）

他造藍色的天，乃是他的恩惠，若造紅色的天，我們看一分鐘便會頭痛。他把青草放在地上，使人眼睛舒服，乃是他的恩惠。

（講到此先停一下，這叫恩惠嗎？有個東西或現像呈現在你面前，看起來還蠻美的就足以讓信徒欣喜若狂⁉人看藍色或綠色眼睛會覺得舒服；看到紅色覺得頭疼，那是和人的眼球及神經系統有關。就像是蚊蠅這類蟲子喜歡紫藍色光，不喜歡黃光，一樣的道理，和恩惠與否沒有關係!!

人不要像花痴一樣的自我幻想，走不出幻像的蠢人與畜生何異？）

教會聚會時的臺詞接下來看：

他造人有頭腦可以思考，靠著思考來增長生活中的智慧，這都是他的恩惠。感謝神，他的恩惠何其多，我們無法思想計算出來，只知越想越多而已。

（這和佛家所強調的「超脫的智慧」背道而馳。佛說的人之所以沒智慧乃是「顛倒妄想覆」蓋了心竅，不見了智慧。如在這「顛倒妄想覆」的蓋子底下你還是可以思考的，你還是可以算計的，你還是可以越想越多，只是無法突破困境。要超脫這「蓋子」才可看見真相。有真相才有智慧，否則你只是迷宮中的老鼠，走出了迷宮你還是老鼠。

我們再用科幻的角度來看：耶和華造人有頭腦可以思考，那祂也造外星人嗎？能夠搭著飛碟來地球的外星人，想必比地球人聰明許多吧？

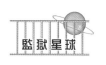

那祂為何將地球人造得比較笨？再討論下去沒完沒了，不如拿開遮蔽智慧的蓋子，跳脫出狹隘的迷宮，體會並承認環境的真相。

音樂、藝術的創作不是你腦袋聰明就可以辦到的。相同的物理學或科學能有所突破，也不是智商高就可達成的。

除了上帝給我們的腦袋之外，一定還有什麼！

佛家說人的身體只是個臭皮囊，那把身體看作一個靈魂載具如何？祂（上帝）要我們當人就當人；當畜生就畜生；聰明就聰明；笨就笨。我們就如同迷宮中的老鼠，耶和華可以在這迷宮中設下各種路徑讓我們暈頭轉向，凡事徒勞無功，再狠一點，祂甚至可以設下陷阱讓我們痛苦、死亡……，如靈魂可以像佛一樣超脫了這一切，其智慧是無窮盡的，不用因小才小智的恩惠去讚美那為我們設下陷阱的神：耶和華!!阿拉!!）

教會聚會時的臺詞接下來再看：

「不可忘記神對你的恩惠」。一個人做了一件好事，他自己不會忘記，或是人對待他好，有時亦能記得。

但有一件事，神待我們的好處，人是常常忘記了，因此神在這裡說：「不可忘記」。在打仗時死了很多人；各式意外或疾病身亡的人何其多，為何我們至今還有生命？這就是神的恩惠。（我問：活著的人有恩惠，那死了的人呢？意外身亡的那些人就死了活該嗎？教會的說法老是將他人的不幸當成對比，別人死了，相對於我還活著，這就叫上帝的恩惠!?哪一天換成我死了呢？就來個死無對證吧！反正祂的教會是一個睜眼說瞎話的地方，人命對上帝來說只是棋子，看祂要放哪，看位置情況說話）。

《聖經》《詩篇》的作者在這裡自己對自己講道說：「我的心哪，你要稱頌耶和華，不可忘記他的一切恩惠。」

各位，神奇怪世人為何不懂得感謝。在《羅馬書》1:21 中講及人第一樣的罪，就是不感謝神。願神幫助我們，叫我們不忘記他一切的恩惠。

（不感謝神就是罪!?此話講得真是霸道，也透露出上帝的性格。如有一個人幫你一個忙後，老是念念不忘的要你感謝他，那你對這人真的會充滿感恩的心嗎？

當你對於一個真正急需要幫助的人給與一臂之力時，而且這人腦袋沒問題的話，我告訴你，即使你馬上離開，不留一絲音訊，他還是會記得這一刻的，就算來不及說謝謝，他還是對你充滿感激。）

三、因他的救恩

教會常教導，我們應該因神的救恩而讚美他。

「他赦免你的一切罪孽，醫治你的一切疾病。他救贖你的命脫離死亡，以仁愛和慈悲為你的冠冕。他用美物，便你所願的得以知足，以致你如應反老還童。」（詩三至五節）經文上不斷強調主對於我們有極大的恩惠，所以我們要讚美祂。

但祂說的赦免我們的一切罪孽就是祂對於我們的恩惠？所謂的罪孽實在說得含糊，不如說是欲加之罪，倒貼切些。

如果不是我很用心的幻想的話，老實說！我感覺不出何為「救恩」？

如果上帝真的用美物，便我們所願的得以知足，以致我們真的可以返老還童的話，不用經文或教會強調，我們自然而然的會感謝祂的。

《聖經》上老把神的恩惠說得很誇大（如：返老還童），但實際上卻不可能發生的！

教會解釋「美物」這二字在原文作單數，意思就是指一種美物。主耶穌就是這獨一的美物，這美物能叫我們滿足。世上的美物很多，但沒有一樣能滿足我們。那！到底在滿足什麼？因人而異。這又是一句聽起來好聽卻又含糊的話！必須要很用心；用力的幻想才能相信。

耶穌說：「我就是生命的糧，到我這裡來的，必定不餓，信我的永遠不渴。」（約6:35）

教會的解釋是不飢不渴，意思就是滿足。所以我們越認識他，就越要讚美他。相反的，你如果會飢會渴的話，就是不信祂!?就是有罪了嗎?!

「欲加之罪」何患無辭。如人真的那麼容易就有罪的話，那這種「神」就不用讚美了嘛！

四、教會的最後一招：因他有永遠的慈愛

「天離地何等的高，他的慈愛向敬畏他的人，也是何等的大。」（《詩篇》103:11）你怕我；敬我，我就愛你！這是什麼邏輯!?

天離地何等的高，無人能以計算。這裡說神的慈愛也是如此，無法形容。惟有說似天離地，意思就是說神的慈愛大得無法計算。

但後面那句話就破功了！還是要敬畏祂，祂才會愛你啊！就像主子愛奴隸那樣的愛。

「東離西有多遠，他叫我們的過犯，離我們也有多遠。」（《詩篇》103:12）

教會說，這就是神慈愛的憑據。為何不說南離北？原來地球是圓的，自轉方向是東西方向，不是南北方向。

從北極向南走，九十度到赤度。再南走九十度，就到了南極。但若從東往西走，則永遠是西。南北有極，東西無極。

故《聖經》說東離西，不講南離北，因為南北有限，不過相隔一百八十度。

但別忘了！東西向繞一圈後又回到了原點，罪與過犯又回到了你身邊，難怪上帝老把地球人當罪人。

教會最常說：

感謝主，信主的人，主的血把罪遮蓋了，與罪再無碰頭的機會。今若有不信者，

《聖經》說：你要知道，你的罪要追上你。無論你去年犯的罪，小孩時所犯的罪，罪要追上你，絕不放過你一天。當在神面前審判的時候，罪也追上你，神不用叫你下地獄，你自己就要下地獄。

但你若今天信主，主的血赦免遮蓋你的罪，叫罪離開似東離西那麼遠。

（這整段話的意義和黑幫邀人合作時的腔調有何異？你只要和本幫合作，包你吃香喝辣！要是不肯合作……你就小心點，將來有一天一定要你死得很難看！各位請比對一下黑幫的說法與上帝的說法有何異？如你在日常生活中，真的獲得黑幫的邀請並與之合作的話，就算真的有好處，請問，你會由衷的感謝黑幫嗎？你頂多只是表面上的讚美祂而已。）

由《聖經》上的經文來形容上帝，好像沒那麼慈愛，一遇上但書就翻臉的神，不可能會有永遠的慈愛。

五、教會不想出招了，直接霸道的說：因他永遠為王!!

「耶和華在天上立定寶座，他的權柄統管萬有。」（十九節）此話一出，完全不用討論了，假如祂真的那麼行的話！

當你有深度長期的探討「外星人」問題時，你會發現一個共同點，祂們都認為地球的主沒什麼了不起……耶和華（阿拉）沒有我們想像中強。

教會常灌輸我們一些觀念：

我們的盼望是在將來。這世界的黑暗是暫時的，世界的苦難、罪惡、不義，種種黑暗都要過去，因主耶穌要再來，在世作王。

故不信者垂頭喪氣，信主的人則有盼望。主耶穌的國度是永遠的，為此我們要讚美他……。將所有的希望都放在將來，這是一句很不負責任的話，那現在就只是個「過程」而已嗎？孰不知現在的際遇會影響到將來，長期的苦難與不順遂會影響到人格，耶穌是要把人給逼壞了、逼邪了才要治人於罪嗎？

之前章節裡所提到的邪惡政權底下的爪牙，其家族與後代子孫是多麼的受到天父的關愛啊！如果是一般人的個性，要是在那種家族長大不用為瑣事煩惱，時間多的是，要信主是多麼容易的事啊！在安詳的環境中盼望著主耶穌的到來，並在生活中時時讚美主，這些是多麼簡單的事，將來耶穌的國度就裝滿這些人好啦!!

「聽從他命令，成全他旨意，有大能的天使，都要稱頌耶和華。」（二十節）何人當讚美神？這裡說有大能的天使，都要稱頌耶和華，這天使相信是神所造的。

「你們作他的諸軍作他的僕役行他所喜悅的，都要稱頌耶和華。」（廿一節）僕役與天軍大概與神遠一點，但他們都讚美神。

「你們一切被他造的，在他所治理的各處，那要稱頌耶和華，我的心哪，你要稱頌耶和華。」（廿二節）

看到這三節經文你可以看到並了解，在上帝的國度裡，是有分階級制度的。上至天使，下至奴隸都要讚頌耶和華，可見統治地球的這股力量真的很注重人有沒有讚美祂這回事。

教會的教導裡說：我們自己得救的人，為何不讚美神？一切被造之物都讚美神，叫一朵花讚美神容易，但叫路上的人讚美神不易。

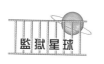

我告訴你為什麼！因為人的潛意識裡、靈魂深處都感受得出來上帝這一派的神，絕非善類!!

只有透過教會四處不斷的傳教，不斷把福音告訴別人，不斷的催眠，不斷的讚美，謊話說一千次後就變真理了，一個邪神被讚美了一千次後，很多人都會因此相信祂是真神。

《出埃及記》14:10 法老臨近的時候，以色列人舉目看見埃及人趕來，就甚懼怕，向耶和華哀求。

《出埃及記》14:15 耶和華對摩西說：你為什麼向我哀求呢？你吩咐以色列人往前走。

《出埃及記》14:15 你舉手向海伸杖，把水分開。以色列人要下海中走乾地。

當神成就了祂權能的作為時，以色列人不禁要讚美神：

「耶和華是我的力量、我的詩歌，也成了我的拯救。這是我的神，我要讚美他；是我父親的神，我要尊崇他。」（《出埃及記》15:2）

耶和華是力量，那如果反過來說呢？我們的讚美、我們的哀求、我們向祂所發出的一切情緒能量，祂都收得到嗎？

再來看看大衛在面對苦難時向神呼求：我的神，我的神！為什麼離棄我？為什麼遠離不救我？不聽我唉哼的言語？（詩22）

但他還是不斷的讚美他心中的上帝：我要將你的名傳與我的弟兄，在會中我要讚美你。你們敬畏耶和華的人要讚美他！雅各的後裔都要榮耀他！

以色列的後裔都要懼怕他！因為他沒有藐視憎惡受苦的人，也沒有向他掩面；那受苦之人呼籲的時候，他就垂聽。

我在大會中讚美你的話是從你而來的；我要在敬畏耶和華的人面前還我的願。（詩 22-25）

想當然爾，上帝最後幫助了他，讓大衛當王。一個「王」信上帝；讚美主，底下的臣民，當然也會照做，只是不一定會獲得耶和華的憐憫。

對上帝沒有利用價值的人，再大的苦難祂也不會理你，祂反而很享受你在苦難時所散發出的情緒力量。

新約《聖經》也有類似記載：《使徒行傳》第十六章使女的主人們見得利的指望沒有了，便揪住保羅和西拉，拉他們到市上去見首領；眾人就一同起來攻擊他們。

官長吩咐剝了他們的衣裳，用棍打；打了許多棍，便將他們下在監裡，囑咐禁卒嚴緊看守。禁卒領了這樣的命，就把他們下在內監裡，兩腳上了木狗。

保羅和西拉在經過一連串的苦楚後，想必情緒有了重大變化，當晚他們用「讚美主」來紓發他們的情緒。

約在半夜，保羅和西拉禱告，唱詩讚美神，眾囚犯也側耳而聽。忽然，地大震動，甚至監牢的地基都搖動了，監門立刻全開，眾囚犯的鎖鍊也都鬆開了。……

上帝對於使徒的禱告總是能很快的應許，因他們是很好的榜樣（宣傳品）。經上的故事顯示，當人們在讚美神之後，往往祂就會行奇妙之事，祂是獲得什麼能量？當你在讚美神後，神有行大能在你身上時那也就罷了！但如果毫無反應，那你的讚美、你的哀求、你所有的情緒能量哪裡去了？祂接收了嗎？難道祂只用祂的大能在某些人身上，好讓其他人覺得神奇，便群起效法，那麼耶和華便可獲得更大的能量？

由前面的章節可得出一個結果，祂對待地球人的本意是將地球人當成奴役或罪犯，祂要這些奴役或罪犯時時讚美祂，本意為何？

市上有一本熱門的書《天堂頻率》[1]，裡頭有一個重點：萬物都由能量構成，都在振動，都有自己的振動頻率。

這本書是建立在物理學的基礎上：當兩種電磁波振動頻率相同時，就可合成一個更大能量的電磁波。

於是作者就將人散發出來的情緒看成是一種波，當我們的頻率和天堂相同時，就可像神一樣掌握自己的生命。

但實際情形可不像作者說的那麼容易，不過至少舉出一個學過物理的人都知道的一個論點：當我們的振動頻率和上帝相同時，能量是可傳輸的，就像無線電必須調成相同頻率才可通話一樣。那假如人真的誠心的讚美主，就像奴隸那樣的讚美主人，導致頻率相同，那祂不就可以接收我們的能量了嗎？

[1]「Frequency: The Power of Personal Vibration」原文作者：Penney Peirce。這本書的主要論點為：萬物都由能量構成，都在振動，都有自己的振動頻率。找到你的最高振動頻率——天堂頻率，你就掌握了生命中最重要的創造工具。只要頻率上的一個小小轉變，就能讓你活出自我的喜悅天堂。

還有一本暢銷書叫《靈性煉金術》[2]也有提到類似的論點：地球文明之外有所謂高階的靈魂，就是傳統宗教上所謂的神，書本裡叫「上師」。

「上師向地球人學習經驗，而地球人向上師學習智慧。彼此共同成就，沒有誰是優越於誰的。」我認為作者講得含蓄。

這兩本書對照《聖經》上的故事後，應改成：

地球人的各種情緒產生能量波，再藉由宗教力量將這些能量波的頻率轉換成神明可以接收的頻率。那掌控地球各式宗教的這些神明，就可獲得來自地球人用生命所產生的能量了。

耶穌被釘死在十字架上，不是為了要洗淨世人的罪，乃是將世人的痛苦合理化。邪神需要人類痛苦的能量，以便撫慰祂的心。

那地球人不就成了供應這些能量的奴隸了嗎?祂說我們有罪，耶穌沒有罪卻要被釘死在十字架上，就是要我們心甘情願的當奴隸。

---

[2]「The Jeshua Channelings」原文作者：Pamela Kribbe，號稱是來自耶穌的靈性訊息，帶你進入生命的療癒、內在的成長，進而喚醒意識的提升，重拾大我的力量！

祂要我們發自內心時時讚美祂，就是要我們的心與祂的頻率共振，以便獲取人類產生的能量。

不讚美，不提供能量，你就不是奴隸，至少某方面不是。

當我們不再讚美神，不讚美那種想像出來的神，當這觀念變成人類文化後，此監獄星球自然沒有存在的必要，這監獄勢必瓦解。那上帝會發怒嗎？以祂的個性，絕對會氣急敗壞，什麼啟示錄，什麼承諾、預言都不管了，祂儘管發怒吧！祂必定殺光眾人。

當七十億個人類集體變成冤魂並且清楚的了解上帝的本質時，我就不相信單憑耶和華（阿拉）這股外星勢力能夠擋得住！

但，最大的問題還是在人，就是那種狂熱的教徒。

如果那些狂熱的基督徒或伊斯蘭教徒不要攻擊，講不過別人就靜靜離開就好，不要老是將「撒旦」這個封號往別人身上扣。不要因為傳教有困難，或信教的人少了，就要將暴力伸向一些「說真相」的人。世界有了這些狂熱的教徒，真相會非常的難以討論出來。經上說：「恨主者，必恨信主的。」（《約翰福音》15:18）

為何？因主真的可恨，祂並不值得讚美。而那些無知又狂熱的教徒，必定會用暴力（不管是言語也好，武力也罷）當祂的馬前卒，他們自以為在為上帝做功。可得神的喜悅，一廂情願的幻想著這樣就可以上天堂，永享樂。他們人生中所盼望的就是享樂而已，孰不知這些字眼已透露出他們膚淺的心態及獸性。

第八章

「憶起……」回復靈魂本身的能力

《約翰福音》10:34 耶穌說：「你們的律法上豈不是寫著『我曾說你們是神』嗎？」耶穌說完這話，又解釋了一些事，祂原本的用意是在解釋「主與父原為一」這句話給猶太人聽，但卻意外的透露一項訊息，那就是我們可以成為神，至少人類靈魂的部分本質與能力和上帝相似。

在東方文化多神的信仰裡，常將一些有名的歷史人物祀奉為神，並蓋廟祭祀。如關聖帝君，就是三國時代的將領：關雲長，或殷商末年周武王的軍師姜子牙等都被後世稱為神。姑且不論這些廟所祭祀的神靈不靈驗，至少東方人的觀念裡面認為人類的靈魂是有能力的。

這就是為何泰國和一些東南亞國家會有養小鬼文化，臺灣的厲鬼文化、大眾廟及有應公，等等。以匯集人類的屍體或骨骸蓋廟祭祀，並成為人們許願或祈禱的對象。

人類可真的有靈魂嗎？

英國南安普頓大學（South Ampton）的科學家們在二〇一四年為止，已經耗費了四年時間，在英國、美國和奧地利的十五家醫院對超過兩千名心跳停止的病人進行了檢查。

他們發現接近百分之四十的人，在被臨床診斷為死亡時還留存有部分意識，後來他們的心跳恢復並存活了下來。其中一位男子甚至回想起來自己完全離開身體並從房間角落觀察到自己復甦。

儘管有三分鐘處於無意識的「死亡」狀態，這位來自南安普頓的社會服務人員詳細描述了護理人員的行為並且描述了設備的聲音。

（南安普頓大學的研究，大概可以確定真有靈魂狀態的存在。）

現工作於紐約州立大學的 **Sam Parnia** 博士曾經是南安普頓大學的一位研究人員，他負責了這項研究。

他聲稱：「我們都知道當心臟停止跳動時，大腦就無法工作。但是在這一案例中，意識知覺似乎在心跳停止跳動後持續了長達三分鐘時間。」

（這三分鐘，很可能就是你逃離輪迴系統的黃金時間，這期間你需放下一切，欲念、仇恨、親情、友情甚至於愛情。放下一切會吸引你的人、事、物，感情及知覺，比如說光線或美妙的音樂。）

在二千零六十位心跳停止病人的研究中，三百三十位存活了下來，而且一百四十位聲稱自己在復甦過程中經歷了某種意識。儘管許多人都無法回想起詳細的細節，但卻能想起某些場景。五分之一的人稱自己感覺到一種獨特的平靜（這些人靈魂的本質就是「平和」的），而接近三分之一的人稱時間變得緩慢或者加快（部分靈魂可超越時空）。

有許多人都認為這些只是幻覺，但是它們似乎都與現實相一致。顯現出某種「一致性」，這「一致性」可能顯現出靈魂的本質或部分能力。但大多會受到在世時一些宗教觀念的影響，如西方人的觀念裡大多會有光來引導你，甚至有天使會來帶領你，當你以為自己要進入天國時，事實上只是再度進入輪迴系統而已。而東方文化就更恐怖了，有類似黑白無常（Black and white impermanence）[1]。

[1] 黑白無常 Black and white impermanence 又稱范謝將軍，四川稱吳二爺，閩南、南洋則尊稱為大二老爺、大二阿伯，臺灣尊稱為七爺八爺或大爺二爺。是中國傳統文化中的一對神祇，也是最有名的「鬼差」。此二神手執腳鐐手銬，專職緝拿鬼魂、協助賞善罰惡，也常為閻羅王、城隍、東嶽大帝、臺灣部分區域的大眾（將）爺等冥界神明的部將。

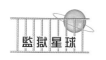

這種可怕的鬼差來追捕你，羅織一些罪名讓你束手就擒，乖乖的跟著祂們進入地獄及輪迴系統當中。

你我在世的活人，靈魂被放在肉體裡，除了意識與智慧可應付生活所需外，並沒有其他特殊的能力。但死了以後呢？當靈魂擺脫了肉體的束縛後，理論上應該可以回復一些本身既有的能力，或大或小，或強或弱，各有差異。當遇見黑白無常這種可怕的鬼差時，每個靈魂都給祂反抗一下，不要認為祂們追捕你是理所當然的，不要輕易的相信祂們為你羅織的一些罪名，當「不要投降！」這一種觀念根深柢固的存在於大多數人的心中，一萬個、十萬個、百萬個靈魂一起反抗時，你想就憑黑白無常這類鬼差的能力，負荷得了嗎？

相同的道理也可運用在西方人身上，當每個人的靈魂都反抗（或放下）吸引你的一切時，這追捕引誘我們靈魂的系統負荷得了嗎？

但問題又來了，就是有一些人會相信這些宗教學上的觀念，自己相信也就算了，還要逼著別人也相信。不信的就會被視為異端，好比一些清醒的人站在一群陷入幻想中的瘋子一般，不敢說出真相，惟恐招受攻擊。

我們回到南安普頓大學的研究上。擁有某種「一致性」的人占了一些比例，如「五分之一的人稱自己感覺到一種獨特的平靜」，那其他五分之四的人呢？他們為何沒有感受到？是本身的靈魂特質？或一生中的波折使他們無法平靜？或是受某種勢力的影響而無法平靜。想法千百種，但可想見的是上帝將不同種類的靈魂互相安插在彼此其中，甚至將對立的、相衝的靈魂刻意的安排在一塊。美其名為互相包容，但有一些人的行為真的可以包容嗎？

試想將好的偉大的靈魂丟入監獄星球中，讓其成長環境變得惡劣，周遭的人不是無知就是邪惡，用無知的笨靈與邪靈牽絆住這些偉大的靈魂。

就算這個人的本質再怎麼優秀，再如何求上進，其成功機率必大打折扣，就算能成功，往往都拖延了很久的時間。

一九八四年諾貝爾生理醫學獎得主尼爾・耶倪（Niels Jerne），因為他的家庭是住在荷蘭的丹麥人，他就學與工作的漫長生涯橫跨了歐陸和美洲的好幾個國家，他可以流利地使用許多西歐國家語言，這似乎反而使他長期覺得在社會邊緣跳躍而從來沒有固定生根的感覺。

這種漂泊流浪的感覺和紛擾的一生與其生活上的困境可能都有關係。他的科學思維則在他一九八四年對抗體的黏著效度（avidity）進行一系列的定量研究後才正式開始，當時他已經三十七歲了。Jerne 自述：「我從來沒有看過一個科學家，像我一樣浪費了這麼多時間才起步。」

或上帝可以更狠點！讓其英年早逝。如：法國代數學家 Galois Evariste。

Galois（1811～1832）生於 Bourg LaReine（巴黎近郊），卒於巴黎，法國代數學家。發明 Galois 理論，與 Abel 並稱為現代群論的創始人。

他們倆的早殤，是十九世紀數學界的悲劇。Galois 的父母都是知識分子，十二歲以前，Galois 的教育全部由他的母親負責，他的父親在 Galois 四歲時被選為 BourgLaReine 的市長。

一八二七年，十六歲的 Galois 自信滿滿地投考他理想中的（學術與政治的）大學：綜合工科學校（Ecole Polytechnique），卻因為顢頇無能的主考官而名落孫山。

一八二九年，Galois 將他在代數方程解的結果呈交給法國科學院，由 Cauchy 負責審閱，Cauchy 卻將文章連同摘要都弄丟了（十九世紀的兩個短命數學天才 Abel 與

Galois不約而同地都「栽」在Cauchy手中!!這真的很巧，我相信這是上帝的安排。）。

更糟糕的是，當Galois第二次要報考綜合工科大學時，他的父親卻因為被人在選舉時惡意中傷而自殺。正直父親的冤死，影響他考試失敗，也導致他的政治觀與人生觀更趨向極端。當他再次將方程式論的結果，寫成三篇論文，爭取當年科學院的數學大獎，但是文章在送到Fourier手中後，卻因Fourier過世又遭蒙塵，Galois只能眼睜睜看著大獎落入Abel與Jacobi的手中。

一八三〇年七月革命發生，保皇勢力出亡。由於他強烈支持共和主義，從一八三一年五月後，Galois兩度因政治原因下獄，也曾企圖自殺。

一八三二年三月他在獄中結識一個醫生的女兒並陷入狂戀，接下來是他那傳奇的死亡：因為這段感情，他陷入一場決鬥，對方是一名強壯的武士，而Galois只是一個斯文的數學家。

自知必死的Galois在決鬥前夜將他的所有數學成果狂筆疾書紀錄下來，第二天他果然在決鬥中死亡。他的朋友Chevalier遵照Galois的遺願，將他的數學論文寄給高斯與Jacobi，但是都石沉大海，一直到一八四三年，才由Liouville肯定Galois結果之正確、獨創與深邃，並在一八四六年將它發表。

Galois享年二十一歲！上帝在他短暫的人生當中給了他不少無知的人當他的絆腳石，也給了他的家庭不少邪惡的敵人。

最終達成了祂的目的，……Glois英年早逝。

如Glois可以再多活二十年的話，說不定我們的工程數學課本會是現在的兩倍厚……這是一句苦笑話，不過也道盡Galois Evariste的巨大成就。

當這世上有大智慧，有遠見的人紛紛被牽絆住或英年早逝，那這星球的文明進展必被拖延，這就是統治地球的上帝慣用的伎倆。

教會是人世間貫徹上帝邪惡伎倆的單位，藉由傳教及佈道會等方式，灌輸給人們狹隘的靈魂觀及宇宙觀。

一般人在信教的過程中，都會試著去尋找適合自己的教會。每個教派都有自己獨特的見解，信上帝的宗教就有猶太、基督及伊斯蘭三大宗教。

伊斯蘭教又分為「遜尼」及「什葉」派，這兩派底下又有其他分支，觀念上又不太相同。基督教更是多樣化的一個宗教，都有其信仰觀念上的不同，光是親近神的方式就有好幾種說法。我個人曾經待過好幾個不同派別的教會，對於困頓的人生都有取自《聖經》上的不同解釋。每當加入一個新教會，就會沉浸於這個教會所教導的觀念裡。它藉由禮拜時的演講、教友間聚會的分享、佈道大會不斷的灌輸你一些觀念，說穿了就是接收了這教會的催眠旨令。如果你還有自省能力，還有觀察能力的話，就會發現這教會有不足的地方，你會有兩個選擇機會，一個是懶得動，就待在原本的教會，另一個則是，從幻想中醒過來，換下一個教派。當你決定再換一個更適合自己的教會時，你又會重覆的陷入教會所編織的幻想觀念中。

不斷的從幻想中醒來，在這種沉溺於幻想中，再醒過來的過程，每一次，你必有新的經驗與發現。如此的經驗與智慧的累積也許到後來能突破眼前的困境，能夠有新的概念來看清一些真相。

佛陀在頓悟之前，有一段時間也是繞著當時、當地的宗教打轉。發現一個宗教的不足，再尋求下一個。

佛陀就是在不斷的修行之中找尋超脫之法，祂也是不斷的跳脫既有的宗教觀念，

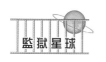

才真正的悟道，進而達成「涅槃 Nirvana」的境界。

大多數的人都沒有佛陀那般的智慧與能力可以涅槃；可以擺脫「輪迴系統」。畢竟要靈魂到達「無」的境界；要人毫無情感、毫無欲念，這皆是違背靈魂本質的。那要如何擺脫「輪迴系統」呢？我的想法是「團結力量大」。

到二〇一四年為止地球已有七十億的人口，換句話說，有七十億個有意識的靈魂，被外太空其他高度文明丟棄在這地球上生存，這是空前的！這是危機，也是轉機。

當有部分的人意識到這是一個監獄星球，進而去反抗它的「輪迴系統」，如只有少數人意識到那當然沒有什麼力量。但假如有十分之一的人意識到，那「輪迴系統」就得負擔七億個靈魂的捕捉工作。如有五分之一的人意識到，那此系統就得負擔十四億個靈魂，以此類推，大家不要信教，不要被自己所想的所吸引，直到輪迴系統無法負荷為止，監獄總會有崩解的一天。那此系統的極限大約在哪？

《啟示錄》上寫的：「把那捆綁在伯拉大河的四個使者釋放了。」那四個使者就被釋放；他們原是預備好了，到某年某月某日某時，要殺人的三分之一。

這是此監獄系統，在末世時的最大負荷極限嗎？此系統在數千或更早的數萬年前就有如此規模呢？還是它被耶和華（阿拉）這股外星勢力給不斷擴充呢？

《聖經》上有一個故事可大概地作為推斷——挪亞方舟。是《聖經》上所記載唯一毀滅全人類（除了挪亞一家以外），且已經發生過了的紀錄。如果《聖經》記載的正確，那一次的大洪水死亡的冤魂，是史前「輪迴系統」所處理過最多的一次。

《創世記》7:11-12，當挪亞六百歲，二月十七日那一天，大淵的泉源都裂開了，天上的窗戶也敞開了。

挪亞生於西元前五五九〇年，當挪亞六百歲時剛好是西元前四九九〇年，從四九九〇年二月十七日到二〇一一年五月二十一日正好是七千年的時間。今天這世上的人口，已將近七十億的人數。

七千年的時間，人口數目由八人（挪亞全家）成長到七十億人。那再由《聖經》上耶穌的祖譜推算亞當到挪亞傳了十代，約相隔多久，再考慮到當時的人往往都活超過五百歲以上，那總人口數應該有破千萬。所以當時的輪迴系統，已可處理千萬個人類亡靈，但這些亡靈大概都不會去反抗上帝的指令，因為他們是無知的。只能任其擺佈，再次的進入輪迴系統當中。

如果你認為《聖經》上寫的都是胡扯，那也可由近代的屠殺事件來推論。第二次世界大戰期間，納粹德國通過種族清洗屠殺了近六百萬猶太人，除此之外，納粹德國也系統地對歐洲的吉普賽人、同性戀者、蘇聯戰俘、耶和華見證人、政見不同人士進行屠殺。總遇難人數約有一千一百萬至一千七百萬人，這還不足以撼動「輪迴系統」。

中國國民黨蔣中正政權、北伐戰爭、寧漢分裂與清黨、中原大戰、剿匪及安內攘外之政策、國共內戰，數十年的內鬥，在其主軸為「寧錯殺百人，不放縱一人」的政策下，死亡人數必破千萬，這也還不足以撼動「輪迴系統」。

蘇聯約瑟夫・史達林（Joseph Stalin）主政期間實行了一連串鬥爭政策：他全面推行農業集體化，引發一九三二年蘇聯大飢荒，同時樹立個人崇拜，對黨、政、軍領導人以至普通幹部和群眾進行大清洗。一九三七年至一九三八年被稱為蘇聯「大恐怖」時期，期間一百三十萬人被判刑，其中六十八點二萬人遭槍殺。

一九四五年二戰結束後，蘇聯以同盟國的勝利告終，而蘇聯也在戰爭中付出重大犧牲（死亡人數達到二千八百二十萬人），但苦難還未結束，隨即再次出現飢荒，約有一百萬至一百五十萬人因此而喪生。在蘇聯紅軍進入歐洲地區時，對占領區域的人民實施相當數量的謀殺、強姦、破壞和洗劫等罪行，並經常以殘酷的方式對待戰俘。蘇軍在占領德國後，約有兩百萬德國婦女被蘇軍士兵強姦，其中的二十萬婦女因傷害、自殺和被殺而死亡。

在布達佩斯戰役後，城內有五萬婦女遭到強姦。在波蘭、南斯拉夫等地也出現多起強姦和洗劫行為。

而史達林卻對此不以為然，他對一位南斯拉夫游擊隊領袖向他抗議紅軍行為的回應是：「難道他不能理解一位橫過數千公里血、火和死亡的士兵找個女人快樂並拿些小玩意嗎？」

史達林這個人真的是對了上帝的胃啊！

他製造了數千萬個人類苦難，來給上帝、耶穌這種邪神享用。

在史達林主政三十年期間，大約有兩千萬人死在他的統治之下，加上二戰死亡的人，冤死的人數超過四千萬人。

夠誇張吧！但「輪迴系統」仍然沒有被撼動，它還在運轉，還有更誇張的死亡人數在中國。

中國共產黨毛澤東政權。一九五八年五月，在毛澤東主導下，中共八大二次會議正式通過了「鼓足幹勁、力爭上游、多快好省地建設社會主義」的總路線，標誌著「大躍進」的正式開始。由於片面追求工業增產，使得浮誇風、高指標、亂指揮蠻幹盛行，為大躍進最終失敗埋下伏筆。

大躍進的最終失敗直接的理由是自然災害，造成三年困難時期無數人非正常死亡。毛澤東把五億農民趕進了二點四萬個人民公社的集體生活之中，而人民公社化運動也嚴重地傷害了農業生產積極性，糧食產量無法保證，為保證農產品達標，農村開始虛報糧食產量。

大躍進的後果使得這場運動最終難以為繼，鋼、鐵合格率低下，大量資源遭到浪費，勞動力的轉移帶來產業結構畸形和農業生產的不足，加之人民公社颳起一陣「浮誇風」，公共食堂的浪費，與貪污腐化、強征強搶強占，導致無權勢的農民百姓大量死傷受害，最終釀成全國大飢荒的悲劇。

這還沒完呢！

毛澤東生前長期支持緬甸共產黨、馬來亞共產黨、泰國共產黨、菲律賓共產黨、柬埔寨紅色高棉等堅持反對親美政府的游擊戰的東南亞各國共產黨，給予大量援助。這些亂黨在其境內所造成的傷亡，不輸給戰爭時期。光是柬埔寨共產黨，在其管治期間，死亡的柬埔寨人估計超過三百萬，占當時柬全國人口的近一半。

毛澤東政權，直接或間接害死的人數，近一億人，但系統都還可運行。

以上的這兩大項推論，其前提是大多數的人都沒有意識到這是一個監獄星球，有些罪是被強加上去的。

如果大多數的人都有意識到，且刻意的在人世時尋求方法躲避「輪迴系統」的捕捉，那對於這個系統會不會造成額外的負擔呢？

全世界真正有在信教的人；會為了宗教而做出行動的人，不到全球總人口數的一半。大部分的人都抱持著「寧可信其有」的態度，如基督教在很多地方已經變成一種文化。

但在各宗教於各文化上的宣傳之後，會植入很多錯誤的觀念，比如：人死後一定得到某個地方（天堂或地獄）；一定會有某種形式的東西或光線引領你到某處去等等，這類走入死胡同的想法及觀念。當你沒有意識到這只是「監獄星球」的伎倆時，你的靈魂很容易跟隨著宗教給我們的觀念，因而再次被帶入「輪迴系統」裡。

如果你在世時有不一樣的觀念想要自由；想要超脫，你就得放下欲念，或至少盡量做到不被吸引等等。

當到達一定的靈魂數都這樣做時，這捕捉靈魂的系統能力有限，理當瓦解。那如何盡量做到「不被吸引」呢？佛家說的「修身」；道家注重的「修煉」是方法。其共同特徵就是放下欲念，專注於靈魂的本體，進而「想起」或「回憶起」回復靈魂本身的能力，能回復多少算多少。

當然，我們無法像佛陀那樣的超脫成佛，也無法像老子那樣得道成仙。我們的領悟性不如他們，但多花點時間自能多領會一些，試著活久一點；試著學佛修道，至少可以接近仙佛的狀態。越接近這種狀態，「輪迴系統」要捕捉我們就越困難，當靈魂數目到達或超過此系統的負荷極限時，各位想想看，我們逃離監獄的機會是否大增？

佛家修身之法

佛家認為，命是一種因果，一種前世的宿怨或業障，都是行為的後果。既然是人的行為所造成的，那人就可以尋找出適合自己的方法來掌握自己的命運，可以透過今生的業力，獲得勝報，進而掌握命運。就如佛所說的：天下人人都可以成佛。佛家的終極目標就是成佛，解脫（超脫）。如何才能解脫？

修身是個關鍵，因為這個身體是成佛的一個束縛。

佛家說的修身之法，從心地裡斷三結（身見、戒禁取見、疑）、淡薄三毒（貪、嗔、痴），去五下分結（身見、戒禁取見、疑、貪、嗔），去五上分結（色界縛、無色界縛、掉舉、我慢、無明），永離三毒成阿羅漢。事實上這些都是訓練我們放下欲念，不在死後被「輪迴系統」所產生的幻象所引誘的法則。我們如在世時，藉由佛法自我訓練，使得靈魂盡量不要被欲念所引誘。那麼在我們死後，「輪迴系統」就無法藉由「引誘」來捕捉我們的靈魂了。如無法像佛陀那樣靠一己之力，完全的超脫，至少必須做到，增加此系統誘捕靈魂的困難度。當越多人如此行時，「輪迴系統」的負擔必越重。

用科幻的角度來說，就是宇宙中某一股高度文明（上帝），將我們這一群靈魂傾倒在地球上，我們的生死由「輪迴系統」控制。每個人剛出生時都是無知的，在互相競爭中成長，難免會犯錯；會有不好的念頭或怨氣累積在心裡。更甚者會在心中產生邪念和暴戾之氣，進而對他人及社會產生不利的行為。

以吸引力法則來看：當你對周遭發出邪念和暴戾之氣，這世界給你的也是相同的東西。就如同滾雪球般，越滾越大。對你和社會而言，雙方都沒好處。

輪迴系統

「輪迴系統」將你的身、心、靈設定為「有罪」或「業障」。當你無法辨識出自己的本體狀況時，你很容易就跟隨著此「系統」為你編造的故事而走完人生。

那「輪迴系統」就會用所謂的「業力」治你的罪。那要如何辨識出自己靈魂的本體狀況呢（憶起）？

事實上，佛家或道家，他們都認為命是可以改善的，與命俱來的運也可以改變，其方法的起點是一致從自我「修身」開始。

透過坐禪、呼吸法門等方法，逐步過渡到身心融合，實現心靈結構的改善，漸漸憶起自身靈魂的本質，那個還未當過地球人的你。

道家有心齋和坐忘的說法。修身是修道（修煉）的開始，道家追求的道，就是長生不老，就是成為神仙。換句話說，當你的靈魂擺脫了肉體的束縛，擺脫了「輪迴系統」的捕捉，你的靈魂、你的意識是自由地漫遊在宇宙中。「輪迴系統」無法再把你的靈魂裝進身體裡，無法再用地心引力，將你連身帶心的束縛在地球表面上，你就不用再失去你原有的記憶，不用再體會身體的老衰，這就是長生不老。當你回復了靈魂本身的能力，就是那被「輪迴系統」奪去的能力，當你再一次想起、憶起你未當過地球人時的能力，你就是一個神仙。

擺脫了「輪迴系統」的束縛後，你可以繼續修煉，可以成為更有能力的神仙，不用怕「輪迴系統」掠奪或再次使你遺忘靈魂的能力。

想要傳播「超脫」的觀念，必招致那些信上帝者的狂熱教徒所攻擊。我們不必多做辯解，只要默默的領受即可。讓越來越多人知道這星球的實相，讓越來越多人了解到，統治這星球神明的真面目。

當越多人憶起他們靈魂本質及能力時，輪迴系統的負擔也越重，當系統負擔超過一定程度時，其效率，也就是捕捉靈魂的能力必定下降。那麼我們逃離這監獄的困難度就不會那麼高，超脫也許不再是那麼高不可攀的目標了。

第九章

逆文明

第一個字「逆」是動詞，「文明」兩個字是名詞，是受詞。地球上，一般的科學家或工程師都會有一些願景，認為人類的科技不斷的進步，將來必定可做出跨星際的活動；人類的生活形態也會大大的改變。一切都在美好的計劃中。但他們卻沒有體認到，有邪神擋在前頭，處心機慮的想要阻礙人類文明的發展。

況且地球人的死亡是恐怖的，除了下地獄受刑，一出生，前世所累積的知識與經驗幾乎全忘了，一切必須重新來過。

地球是一個積非成是的地方，將生、老、病、死看做是常態。只有佛祖那般有智慧的人才看得出端倪。

相對於正常的高科技文明，死亡是沒有意義的，那只不過是換一個身體而已。在換身體的過程中，他們的記憶不會被清除，靈魂不需要重新投胎與學習。

他們的出生不是因為「性」，而是啟於自己個體靈魂的知覺。正常的高度文明，其成員是不生不滅的。事實上，地球上的靈魂在還未成為地球人時，也是如此。

對比一下這差別，地球的科學家，從小到大，需經歷重新挑選（入學考試），重新接觸與學習。相對於正常的高科技文明而言，浪費了不少時間。

在同一段時間裡，地球的科技進展自然比較慢。更何況地球還有一些突發狀況，如傳染病、經濟崩盤、戰亂與動亂。如有天才科學家出現在錯誤的時代與地區，那也是罔然。這些災害的發動者當然就是耶和華（阿拉）；耶穌及撒旦等自稱為上帝的勢力。

上帝對於這星球上人類文明的最終計劃，不是使人類文明快速發展，而是逆向的——逆文明。

二〇一二年十二月二十一日，一個關於末世論的預言、信仰或傳說、謠言，宣稱美洲的馬雅文明中的馬雅曆長達五千一百二十六年週期的結束，預言了地球、世界和人類社會在公元二〇一二年十二月二十一日之時，前後數天之內將會發生全球性的災難性變化。此說法與太陽風暴、尼比魯碰撞、地球磁極反轉、時間波歸零理論、網路機器人工程的預言等謠言結合，隨著各種媒體的傳播，傳遍全球。但……什麼事都沒發生！

自然災難並不會使人類的後代變笨，太多的災難、親友的死亡反而會使更多人檢討宗教信仰。這是統治地球的神明所不願看到的事。（所以祂偶爾會做些好事。）

但這些神的本質非善類，祂們不會給地球人太多好日子過。祂們需要人類的情緒變化，由惶恐到平靜；由憤怒到平和；由哀傷到喜樂等等之間的情緒變化，來獲取某種能量或滿足這些神明的虛榮心。這有點像是物理學上的「位能」[1]概念。可以說是各路神靈各取所需啊！

但人類是有智慧的，隨著文明的進展，人類遲早會知道這星球的真相。祂們必須阻止人類文明繼續發展下去，降低人類後代的智商。

由前面的章節「末世論」可知，核輻射污染是最有效的方法。

一個笨蛋遇到困境時往往都會寄託於信仰，因他不知解決眼前的難題，也不知如何遇防難題的發生。當危機發生時寄託於宗教信仰，往往是最省腦力的方法，反正都是神明的考驗，都是撒旦的迫害，當一個結果被想出來後，人就停止思考了。當要明

[1] 勢能（Potential Energy），亦稱位能，是儲存於一物理系統內的一種能量，是一個用來描述物體在保守力場中做功能力大小的物理量。如一個物體在高處，相對於低處而言，這物體是有位能的，當它砸下來時，底下的人可以充分感受到位能的存在。

辨一件事情或一個行為的對錯時，以神之名來治罪，往往意正而言順。一群笨人懶得想事發的原因與其背後的意義。像這種「瞎起鬨」的文化不用等到末世之後，人類歷史上經常發生。

共產主義的興起，是規模最大也毒害最深。這是統治地球的神明對於人類社會所做出的一件「逆文明」舉動。

在十九世紀前，歐洲已經開始有構建平等社會的思想的萌生。也有不少描述理想社會的文學作品（太陽城、柏拉圖的《理想國》、托馬斯・莫爾的《烏托邦》等）。但由於這段時期的共產主義思想比較純粹，是對理想國度的追求，缺乏充分的科學性，且缺乏唯物主義元素，因此亦被稱為空想社會主義（或稱烏托邦主義）。與空想社會主義相對的則是科學共產主義，後者發生在近代。基督教亦是共產主義思想的源頭之一。

早期基督教（未被古羅馬的君士坦丁大帝定為合法的基督教）被認為是一個進行共產主義運動的組織。如《使徒行傳》所描述的：

2:44「信的人都在一處，凡物公用。」

4:32「那許多信的人，都是一心一意的，沒有一人說，他的東西有一樣是自己的，都是大家公用。」

4:34「因為人人將田產房屋都賣掉了，把所賣的價銀拿來，放在使徒腳前，照各人所需用的，分給各人。」

自由主義學者米瑟斯[2]：「從過去千百年來不斷更新力量的基督教千禧年說，只需再邁出一步，便有了哲學千禧年說，即十八世紀對基督教的理想主義解釋；然後經由聖西門、黑格爾和魏特林，便有了馬克思和列寧。」

雖然共產黨後來都在迫害教會，但神並不在乎，祂們只要人們痛苦，神就滿足了。神所控制的歷史會給共黨機會——貧窮是共產主義的溫床，一次世界大戰時期的俄羅斯民不聊生，還要對付西方的德國，使得經濟情勢更是雪上加霜。以德國籍猶太裔學

[2] 路德維希・馮・米塞斯（一八八一年九月二十九日～一九七三年十月十日），奧地利裔美國人，知名的經濟學家、歷史學家、哲學家、作家、現代自由意志主義運動的主要領導人，也是促長古典自由主義復甦的學者；他還被譽為是「奧地利經濟學派的院長」，對二十世紀中期自由主義思潮有重大影響。

者卡爾・馬克思的理論為基礎，成為社會經濟發展滯後的俄羅斯，其內部貧窮階層以暴力反抗不合理政治秩序的社會運動的主流。

終於在一九一七年十一月七日，共黨十月革命爆發，由列寧和托洛茨基領導下的布爾什維克黨領導的武裝起義，推翻了以克倫斯基為領導的俄國臨時政府，正式取代沙皇，建立了人類歷史上第一個無產階級政權——蘇維埃政權和由馬克思主義政黨領導的第一個社會主義國家。

一九四五年七月初，美國終於研製出了三枚原子彈，他們立即準備著手實驗。當得知要進行原子彈實驗時，美國總統杜魯門推遲了波茨坦會議時間，因為他希望該武器能夠在波茨坦會議期間爆炸，以提高美國的國際地位。

七月十五日，杜魯門到達波茨坦。七月十六日五時二十九分四十五秒，人類歷史上的首枚原子彈在阿拉莫戈多沙漠上爆炸。但當時的蘇聯最高領導者約瑟夫・史達林（Joseph Stalin）並不感到驚訝，顯示蘇聯已掌控了相關情報。隨後，蘇聯根據諜報立即展開製造原子彈的緊急計劃，並於一九四九年試爆第一枚原子彈。

另外，當美國於一九五一年在太平洋上的恩尼威托克島試驗場，試爆一顆體積笨重無實戰價值的氫彈成功後，一九五三年八月，蘇聯宣布氫彈試驗成功，當量四十萬噸。

其方案是採用鋰的一種同位素鋰－6和氘的化合物——氘化鋰作核燃料。氘化鋰是固體，不需冷卻壓縮，製作成本低、體積小、重量輕、便於運載。

這種氫彈稱為「乾式」氫彈，所以蘇聯是第一個成功把氫彈實用化的國家。而美國則是在一九五四年，才有第一顆實用型氫彈在比基尼島試驗成功。

共黨核武的發展之迅速與順利，真是有如神助啊！如果你有宗教信仰的話，那麼！這句話將不是個形容詞，而是一個事實——真的有神在幫助共產黨的興起。

再來看看中國共產黨是如何一統中國的。

中國國民黨與中國共產黨之間為國家體制與前途（更多是為了私人利益）而爆發的內戰。整個戰爭可分為兩個階段，第一階段是一九二七年至一九三七年間之第一次國共內戰，第二階段則是一九四五年至一九五〇年大致結束之第二次國共內戰。

一九二八年十二月，中國國民黨建立之國民政府完成北伐，統一中國，之後先後五次圍攻在南方之中國共產黨革命根據地。

一九三四年，在中國共產黨第五次反圍剿戰爭中，中國國民黨成功占領中國共產黨中央蘇區。中國工農紅軍主力被迫長征，於一九三五年抵達陝北。此時，中共已元氣大傷。

國民黨本欲趁勝追擊，但一九三六年十二月，發生西安事變，國共雙方在日本侵略中國下停止內戰，達成合作抗日協議，雙方皆編入國民革命軍編制下。

這給了中國共產黨好幾年的喘息機會，直到日本投降，中共紅軍已非吳下阿蒙。

美國傳記作家羅斯・特里爾表示：日本無意之中幫助了中國共產黨，「在二〇年代，沒有史達林的幫助，毛澤東也一樣會成為中國共產黨的領袖人物」，「但如果沒有三〇年代日本對中國的侵略，毛澤東不會在一九四九年成為中國的最高領袖」。日本對中國的侵略，造成蔣介石的國民黨政權無法趁中共未壯大前將之清剿殆盡，卻給了毛澤東與中共紅軍保存壯大自己、鉗制消滅敵人的機會。之後因許多其他因素影響，中共實力不斷發展壯大，並最終在後來國共決戰中奪取國家政權。

端看世界最大的兩個共黨崛起的過程，不得不承認，他們運氣真好。既然有「運氣」的成份在，那就有「神的幫助」在。

神讓俄羅斯共產黨取代了獨裁的沙皇；讓邪惡的中國國民黨被更邪惡的中國共產黨所取代。就是因為他們夠邪、夠狠，能夠給大多數的平民百姓帶來更大的痛苦，所以上帝愛啊！神明喜歡啊！

共產主義表現出部分人類的本質——瞎起鬨！

中華人民共和國始於一九六六年的一場政治運動，「文化大革命」可以說是人類史上「瞎起鬨」文化的代表作，期間長達十年。

什麼樣的制度會讓一群人連續發瘋十年呢？

中華人民共和國成立後，以毛澤東為代表的中國共產黨人把史達林模式作為新中國國家建設的藍本，說穿了就是要讓中國人把毛當偶像。

大革命的出發點是防止劉少奇和鄧小平勢力的坐大，毛採取斷然措施，公開地、全面地、由下而上地發動廣大群眾，對政府機構人員，甚至軍隊發動群眾圍攻及批鬥，把所謂被「走資本主義路線派篡奪了的權力」奪回來。

一九六六年五月十八日，林彪發表談話，稱「毛主席是天才，毛主席的話句句是真理，一句超過我們一萬句」，開始在全國各地實施及倡導個人崇拜。

一九六六年教育部、教育工會全國委員會聯合發出通知，要求教育戰線掀起活學活用毛主席著作的新高潮。五月二十九日，清華大學附屬中學成立了全國第一個紅衛兵組織，一群學生慷慨激昂地宣誓：要用生命和熱血保衛毛主席、保衛黨中央。當時學生們人手一本《毛語錄》[3]，公開批判反對學校黨委或支部的領導，很快使得很多學校的領導和教學工作癱瘓或幾乎癱瘓。

六月十三日，中共中央和國務院在發出通知，決定一九六六年高等學校招收新生工作推遲半年進行。六月十八日，人民日報社論「澈底搞好文化革命澈底改革教育制度」，廢除高考制度。從此中國的大學十多年內無法正常招生，而在校的中小學生也失去了繼續就學的必要。

中共政權為了權力不惜犧牲下一代的競爭力，他們不在乎中國未來的科技發展，就像上帝的教會老是要求信徒將神擺在第一位一樣，那什麼是「將神擺在第一位」

[3]《毛主席語錄》（又稱《毛澤東語錄》，簡稱《毛語錄》）是前中共中央主席毛澤東著作中一些語句的選編本，因為最流行的版本用紅色封面包裝，又是共產黨領袖的經典言論，所以文化大革命中被紅衛兵普遍稱為「紅寶書」。

呢？教會的事工、禮拜、儀式、敬拜讚美等毫無意義又浪費學習時間的事情，你要優先做。當年毛澤東就是這樣逼迫年輕學子做一些浪費生命的事，空出來的時間就是對毛無止盡的崇拜，將毛澤東那些無聊的話語發揚光大。

八月八日，中共中央八屆十一中全會通過了《中國共產黨中央委員會關於無產階級文化大革命的決定》。「文化大革命」一語首次出現於公開的中國共產黨中央委員會決定裡，無產階級文化大革命全面開始。

由於得到毛澤東對「造反有理」的支持，之前各級政府黨委試圖控制局面的措施反而可能被視為鎮壓革命，於是對於紅衛兵的管制全面撤銷。

有大量「紅衛兵革命師生」從各地前往北京、上海等大城市進行毛所謂的「革命」，至八月十一中全會期間，北京市有數萬名外來學生，僅清華大學校園內就住下了七千人，其規模之大可想而知。

八月十二日，文革小組提議勸導學生返回居住地進行革命，但是毛澤東不同意，反而決定鼓勵紅衛兵運動，並安排親自接見在京紅衛兵。

八月十八日，毛澤東、林彪在天安門廣場接見了來自全國各地的紅衛兵，此後至十一月期間，毛澤東又陸陸續續會見了超過一千一百萬紅衛兵，並且由紅衛兵代表為其佩戴紅色袖章，成為全面支持紅衛兵活動的最有力表示。這有點像是部分基督徒佩帶十字架的思考模式。他們覺得充滿了榮耀，進而氣燄囂張。從此全國便進入混亂狀態，紅衛兵四處串聯並散發傳單，張貼大字報、標語，開會演說辯論，其內容不外乎以「毛語錄」為主軸，並對各地的事物進行改名活動，以「破四舊」的名義衝擊寺院、廟宇、教堂等，大肆砸毀文物，破壞古蹟，焚燒書籍、字畫。同時針對被視為「剝削階級」、「反動派」的個人開始抄家，攻擊學術權威、知識分子，大批學者、知識分子被毆打、虐待，受到人格上的侮辱，被害或自殺。

只要是具有思考能力的人，紅衛兵都會視為威脅，進而對這種人加以批鬥。除了批鬥「反動學術權威」外，全國紅衛兵還進行了大串聯。九月五日，中共中央發出通知，凡外地師生來京觀摩文革運動者，交通費與生活費由中央財政補助，這個通知使之前就已經開始的大串連達到高潮。

文革時代藝術家以毛澤東的形象應該是「紅、光滑、發光」的表現方式來顯示毛澤東本人是光的主要來源。這手法基督教用在耶穌身上已用了千百年。

一九六七年中共中央發出《關於小學無產階級文化大革命的通知（草案）》。其中規定：春節後各地小學一律開學，在外地串連的小學教師和學生應當返回本校。五、六年級和一九六六年畢業的學生，結合文化大革命，學習毛主席語錄、「老三篇」和「三大紀律八項注意」，學習「十六條」，學唱革命歌曲。一、二、三、四年級學生學習毛主席語錄。等等集體催眠活動，毛主席就算不偉大，也變成偉大了。這像不像基督教或伊斯蘭教那樣，每到一個地方就大力推銷其經典，神就算不慈愛，也變得慈愛了。就算不全能，在信徒的心中也是個全能神，「全能」代表無所不能!!

霸道的氣勢油然而生。

「毛語錄」有中文版、民族版和外文版，從一九六六年十月中宣布批准出口到一九六七年五月，僅八個月時間，中國國際書店已向全世界一百一十七個國家和地區發行了英、法、西班牙、日、俄、德、義、尼泊爾、越南、印度尼西亞、阿拉伯、緬甸、斯瓦希里、波斯等十四種文字的版本。

有研究者推算，僅「文革」幾年之內，《毛語錄》國內外用五十多種文字出版了五百多種版本，總印量為五十餘億冊，《毛語錄》是全球歷史上印量僅次於《聖經》

的出版物，有取代馬克思主義的態勢，但毛的論調和馬克思的論調，有沒有理論互相矛盾的問題呢？我在此不多加解釋，討論這兩個荒謬的著作是毫無意義的事。

因會去相信共產黨那套言論的人，本身就沒什麼是非概念。只要偶像一出來，情緒受到眾人的感染後，領導說什麼都對！只有情緒，沒有是非。

一九六八年春天，在全國興起了一股對毛澤東的盲目崇拜浪潮，當時的口號就是「三忠於四無限」，毛澤東已經被神化。

這十年文革，鬧得轟轟烈烈，直到一九七六年九月九日，毛澤東逝世，才平息了這段瘋狂的歲月。

其實蘇聯和一些共產國家也有其鬥爭方式，只是規模沒有中國這麼誇張。共產主義在一群人起鬨之時所作出的動作就是「鬥爭」，給人掛上一堆罪名後，就開始了一連串的言語與肢體暴力。在「文化大革命」這段後來被稱為「紅色恐怖」的時間內，據官方統計，僅在北京就打死一千七百多人，在市郊的大興縣更是發生屠殺，三天之內用包括活埋等手段殺死了三百二十五人。而全國自殺人數達到二十萬人，被逼瘋的或是個性從此改變的人更不在少數。

這種逆我則死的鬥爭方式，像不像我之前文章中所提到的——上帝的本質？

二次大戰後，許多人都把焦點放在法西斯主義（Fascism）的納粹德國上，將阿道夫・希特勒（Adolf Hitler）給澈底妖魔化。但納粹德國對於後世的遺毒並不比共產黨來得深。

美國二戰名將喬治・巴頓將軍[4]就表達得很明確：納粹黨只是小奸小惡，盟軍及美國部隊，應乘勝追擊，直搗莫斯科（Moscow）！

這論述想當然爾也有不少西方官員想得到，只不過在當時假和平的氣氛中，美國政壇懦夫居多的情況下，沒人膽敢背負著破壞和平的惡名趁勢拔除共產黨，眼睜睜的看著共黨有如神助般迅速坐大。就算今日蘇聯已解體，其思想遺毒仍然影響廣大的群眾。

法西斯與共產主義的共同特徵就是崇拜個人。法西斯主義崇拜阿道夫・希特勒，

[4] 喬治・巴頓（George Smith Patton, Jr，一八八五年十一月十一日～一九四五年十二月二十一日）是美國陸軍四星上將，以在第二次世界大戰歐洲戰場先後指揮美國陸軍第七軍團和第三軍團而聞名。

在二戰時期給了他莫大的權力，當時德國上下的行事作為無不以「領導」之名而行，就像今日信上帝的教徒以「天父」之名而行的道理是一樣的。

二〇〇八年，俄羅斯國家電視臺舉行「最偉大的俄羅斯人」評選，結果史達林名列第三位（四至六位分別是普希金、彼德大帝、列寧），僅次於亞歷山大・涅夫斯基和彼德・斯托雷平。

其外在的主要原因不外乎是：一九九一年蘇聯解體，俄羅斯喪失大片領土及超級大國的地位，兩相對比之下，使得一些俄羅斯民眾懷念前蘇聯的光輝，正是在史達林執政期間蘇聯得到大片領土及成為超級大國。

說穿了就是虛榮心作祟，不過也得承認史達林在一九三〇年代初起時所建立他自己和列寧的個人崇拜（當時列寧已死），真的很成功，就像教會所建立起的上帝形象一樣成功。

一直到今日，俄國人還是習慣於有崇拜的對象。俄國人選普丁（Vladimir Putin）當總統，不是因為普丁是唯一的人才，而是因為共黨思想的遺毒，他們的內心還是需要一個可以崇拜的對象。

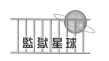

就像一些生活困頓的教徒，將神明當成最後希望那樣。不管生命是如何的苦悶，信徒們只會將它當成是神給他們的考驗。他們不會承認他們的神是邪的，因如果是那樣的話，他們就沒希望了。

俄羅斯於二〇一四年三月接管烏克蘭的克里米亞半島。

二〇一四年八月（路透俄羅斯謝利格湖 Lake Seliger 二十九日電）俄國總統普丁對於此事發表談話時說：「感謝上帝，我想沒人想對俄羅斯發動大規模衝突。我想提醒你們，俄國可是主要核武強權之一。俄國的夥伴應該了解，最好別惹我們!!」

這一事件再次提醒了全人類的恐懼——核子大戰。就是那會讓地球回到石器時代的全面性大戰，會因核污而使全人類的子子孫孫智商降低的劫難。

這「劫難」還未發生，但《聖經》上的「啟示錄」已清楚預言，好似統治地球的外星勢力老早就計劃好的那般。

共產主義是無神論的，好讓世人不將其與宗教做聯結。今日蘇聯的共產黨已失勢，但中國共產黨仍掌權。綜觀今日世界，兩大陣營的對立仍然存在，俄羅斯已不是共產國家，但軍事上仍然與中國同盟，擁核武以自重，兩國都有毀滅全球文明的能力。

一旦政權遭遇危機，那些統治者們就會綁架他們自己的人民，為其作戰。打不過!!就用核武來個玉石俱焚。共產主義留給這世界最大的毒害就是「核武對立」，這不也是在上帝的計劃中嗎？

共產主義的鬥爭文化將部分人類的靈魂本質表露無遺。有些人的靈魂具有強烈的攻擊性及破壞性，當其生活在共產主義的世界中，他們不需隱藏自己的殘暴個性，因共產黨需要這種人、這種靈魂來鞏固其政權。除了好鬥之人外，這些邪惡的獨裁政權也需要大量的政治白痴來擁戴自己。

當權者登高一呼！這一群毫無是非觀念的政治白痴就會隨之起而呼應。他們只會跟隨著獨裁政權灌輸給他們的意識型態來判斷事情，他們把政權、國家與自己綁在一塊，以為這些邪惡的政權賣命。就像受訓過的狗、畜生般聽命於他人，即使其所接收的旨令是害人害己的，這些人也不在乎。

他們習慣於某種意識型態，當你動之以理，想將他們抽離這「損人不利己」的意識型態時，其動物般的習性、脾氣與思考過程必表露無遺。

野生動物以「本能」來過活，而擁抱獨裁者的愚民則以被灌輸的「意識型態」來作為本能，因他們的靈魂本質與畜生沒兩樣。

有些人根本沒資格當人，但上帝硬將這些邪靈（就是要使壞）、蠢靈（無法明辨是非）使他們投胎成人，和我們生活在一塊，拖累全人類文明的進展。

一些假道學的政治學者為共產主義辯解：如人類不要那麼自私，那麼共產主義是最好的政治制度。

我說：錯！地球的資源空間有限，再加上善靈（人）、邪靈（人）交錯在一塊生活，那些邪惡的人是不會和你分享的。

當一群善良的人聽從了共產主義的崇高目標後，將自己所有的也分享出來，並認為其他人或領導階層也會分享給他們，但並沒有！那這一群善良的人把自己的分享出去，卻沒有得到相同的回報時，形同被剝削。那共產主義所形成的環境，就變成了剝削善良老百姓的環境了。如跟著環境隨波逐流，像共產主義這樣齊頭式的平等，不做出分別，反倒讓一些邪人有很多瞎起鬨的機會，那百姓的人生只是陷入一個更深的監獄裡而已。這跟人自不自私沒關係，而是上帝所設計的架構就是要達成一個目標——「逆文明」。

第十章

論意識的力量

意識包含了所有生物的知覺，不單單只是人類的情緒變化喜、怒、哀、樂那樣簡單。宇宙中有了意識的存在，一切才顯得有意義。

宇宙的創造者何人？是一群偉大的靈魂創造的？還是獨一真神創造的呢？不管如何，其中必要有意識的存在，這宇宙才會被感到存在。不管這是生物的感受，或是來自靈體的感受。

就算你是無神論者，認為宇宙的形成只是隨機的，不需有造物主，也不可否認其中裝有不少生物的意識。

很多宗教團體都強調「愛的力量」，並以此為號召，比如說基督教最常說的「耶穌愛你」，沒錯，每個人都渴望被愛，尤其是人生不順遂的時候。

宗教團體以「愛」作為唯一真理，以為「愛」就是全部，將焦點全都放在這上面，卻刻意忽略「愛」、「恨」、「情」、「仇」都只是「意識」的一種面相而已，「愛」是很迷人沒錯，但它不是全部。教會刻意的強調上帝對人的愛，但檢視祂的行為卻又不是那麼一回事，只將「恨」推給祂所創造出來的撒旦。

《聖經》《哥林多前書》十三章耶穌說：「愛是恆久忍耐，又有恩慈；愛是不嫉妒；愛是不自誇，不張狂，不做害羞的事，不求自己的益處，不輕易發怒，不計算人的惡，不喜歡不義，只喜歡真理；凡事包容，凡事相信，凡事盼望，凡事忍耐。愛是永不止息。」這些話講得很好聽，但卻將「愛」限制住了，將「它」從各種面相的「意識」中獨立出來。無法恆久忍耐就不是愛了嗎？那恆久忍耐的對象又是什麼？害羞的事為何會和「愛」相衝突呢？偶而自誇一下就不是愛了嗎？……等等各類的疑問與說法，將之放在日常生活中後就會發現，凡事沒有絕對，總是有例外的時候。很多事是無法用文字去定義和表達的。所以祂後面又露了餡：

《約翰福音》14:22-24：猶大（不是加略人猶大）問耶穌說：「主啊，為什麼要向我們顯現，不向世人顯現呢？」

耶穌回答說：「人若愛我，就必遵守我的道，我父也必愛他，並且我們要到祂那裡去，與祂同住。不愛我的人就不遵守我的道；你們所聽見的道不是我的，乃是差我來之父的道。」

祂將「愛」與其他面相分開，刻意的製造出一種「二元對立」的思緒來。好像你不信祂，就是沒有愛，就是來自於魔鬼，就是恨。這就是為何信奉上帝的宗教（基督教、伊斯蘭教、猶太教）老是將其他的宗教視為毒蛇猛獸般。

《何西阿書》13:4：「你不可認識別神。」

《古蘭經》21：「難道他們把大地上許多東西當神明，而那些神明能使死人復活嗎？」；《古蘭經》又說：「他們是不信道的人，將遭受火獄，痛苦的刑罰！」

他們的經典不斷的強調上帝的「愛」，卻又敵視異教，不知不覺的「恨」也在教徒的心中生根萌芽。

阿富汗的塔利班政權，在二〇〇一年，不理會聯合國教科文組織及外國非政府組織的反對，砲轟其境內的千年佛像——巴米揚大佛雕像[1]，就是教徒心中有「恨」的最顯明例子。上帝不過是將「愛」當幌子而已，祂的本質不是「愛」。當人們對祂有質疑時，教會的神職人員就會翻開經典，不斷的強調上帝是愛你的，連哄帶騙的安撫你的情緒。如果你能站遠一點看，就會發現「愛」不過是「意識」的其中一塊而已。

[1] 巴米揚大佛（英文：Buddhas of Bamiyan）是阿富汗巴米揚省內的兩尊具珍貴意義的立佛像，在巴米揚谷的一處山崖鑿成，約於五至六世紀時建成，位於首都喀布爾西北約兩百三十公里、海拔約二千五百米處，是希臘式佛教藝術的經典作品。

當人不再見識短利的將焦點放在「愛」這一塊時，將視覺拉遠一點，就會發現「上帝」這股外星勢力正用「意識」的其他面相，就是愛以外的其他面相，對地球人採取某種邪惡的行動奴役我們。

不少科幻小說描述「時間」才是宇宙中最強大的力量，以時間旅行為題材的故事不勝枚舉，內容大多是故事中的角色搭乘「時光機器」回到從前改變一些事情等等!!看似能夠控制「時間」的人就能控制一切，卻忽略了要造成同一個結果，可以有很多種方法。所謂山不轉，路轉，路不轉人轉。人的意識是可以改變歷史的，或倒過來看：很多歷史是當時人們的集體意識所造成的結果。如共產黨崛起於當時貧窮的俄羅斯，當時的俄國人大多苦哈哈，不得溫飽，卻又有少數的貴族與資本家擁有大筆財富，此時共產主義那種齊頭式的平等自會受到大多數人民的支持。

試想看看：當你窮到養不起家人，卻又受到資本家的壓榨，在其血汗工廠中當廉價勞工，你不會有怨嗎?當有一群人、一個政黨大喊口號要將這些資本家的財產都分給你們，你難道不會支持他們嗎？我想大部分的人都會。此時就算有人搭乘「時光機器」回到早期，將幼兒時期的列寧或史達林殺死也沒用，因在那時的氛圍之下，又會有另一個相同性質的列寧或史達林出現，歷史結果還是一樣的。

德國納粹的崛起也是相同的情形，在當時烏煙瘴氣的德國社會，正是狂人崛起的最佳時刻——阿道夫・希特勒。

希特勒最為人所詬病的就是瘋狂屠殺猶太人。猶太人很聰明，猶太裔的科學家往往都是各領域中的佼佼者，常有人狂想如發明了「時光機器」就可以回到希特勒小時候並將其殺害，就不會有那麼多猶太人被殺了……，其實不然，因屠殺猶太人的主因並不單單只是希特勒個人的病態，而是因為「錢」！

當時的德國雖然戰敗，但科技與工業仍然發達，人才濟濟。要再成為強國缺的是什麼呢？它需要一個強而有力的領導人來集氣，再來就是需要大筆資金。有大量的金錢存在於猶太社會當中，狂人希特勒當然不會放過。在掠奪猶太人的財產之前，先極盡所能的污衊猶太人的名聲，讓盲目的德國民眾無故的對猶太人產生恨意，接著掠奪財產與屠殺人命的事就變得容易許多。希特勒的崛起很大部分是和當時德國人的集體意識有關，透過民主和投票的結果讓納粹黨執政，德國人的集體意識就是要讓德國再強盛起來，管它用什麼方法，管它狂人執政。當一部分人醒過來時，民主已回不去了。

有了高等的科技與工業，此時的執政者只要有大筆的資金就可引發大戰了，如將來科技更發達，有人搭乘「時光機器」回到希特勒未掌權時將他殺害，事實上這動作並不會阻止悲劇的發生。就算希特勒未掌權前就死了，德國人還是會選出一個狂人來帶領他們，因這是群眾的集體意識所造成的結果。而這狂人一樣會找猶太人開刀，因打仗需要金錢。

要有意識的「目的」時間才會有意義，當所有的人都沒有了「意識」，那時間要幹嘛呢？要有人意識到前因、後果才能體會到時間的差異性，要有人體會到某段時間的過程，才知時間流逝。如這一切意識都不存在了，那時間就變成可有可無了，時間只是紀錄「意識」的一種工具而已。

也可反過來說：有「意識」的靈魂要如何感覺到存在呢？「時間」是其一，意識才是這個宇宙的基底，有了它，一切才有了「存在」。

由以上兩個例子可說明，掌控時間的人或靈並不能掌控一切。唯有掌控人心才能操控意識，才能成為神!!

教會常教導我們，神是全能的，祂哪需要我們呢？祂之所以賜我們生命在世上，是要考驗我們夠不夠格回到天國與祂同在，永享樂。祂賜與我們經典（《聖經》、《古蘭經》）是因為祂愛我們，想要教導我們正確的道路……等等。

不論統治這地球的外星勢力是否為全能的；不論我們在世上的生命是祂賜的，還是被祂抓來的，上帝還是需要我們做祂的奴僕。試想看看：

一個大有能力的人，如果沒有底下的人與之相對，那祂的能力到底有多大也顯現不出來。一個榮耀的神如沒有眾人眾靈的讚美，那祂的榮耀要留給誰去察覺呢？唯獨將地球人貶低到一文不值，唯獨將地球的文明限制在一個窘境裡，才能顯出這個外星高度文明統治地球的偉大與正當性。

祂賜與我們生命在世上，讓我們忘記靈魂本身的能力，相對於祂的能力而言是顯得一文不值沒錯。讓人心甘情願的當祂的奴樸，去讚美祂，榮耀祂。賜與我們經典並成立宗教，只是要將地球人心向祂，操控我們的意識，當眾人意識裡認為祂是神，那麼祂才可以真正成為神！

綜觀地球上的主流宗教，之所以能壯大並能源遠流長，主要還是得靠眾人的集體意識。當眾人的集體意識都認為祂所傳的道是真理時，一個單獨的個人在這群體中很難不被影響。這就是為何信上帝的基、回兩教將宗教活動的重點放在做禮拜與聚會上，並將焦點放在能力與神蹟上頭。

而佛家或道家在修身時通常都是獨身的狀態，其目的就在於避免不必要的干擾，可真正的省察到內心靈魂的深處，以此發揮靈魂意識的力量。再以這種力量蒐尋或了解到更多的真理，在這些真理中或許可找到「超脫」之法也說不定。

那主流宗教的發跡過程是如何凝結群體的意識呢？我們先來看看基督教是如何發展成世界第一的宗教。

基督教的發跡過程主要是以人的「犧牲」做為感動人信教的原動力。

〈使徒行傳〉2:41-43：那一天，門徒約添了三千人，都恆心遵守使徒的教訓，彼此交接，擘餅，祈禱。眾人都懼怕；使徒又行了許多奇事神蹟。

耶穌復活又升天以後，耶穌的門徒約有一百人在耶路撒冷聚集，然後開始對周圍的人傳講耶穌是基督的福音，因使徒行了許多奇事神蹟，以一些眾人無法理解的把戲，來吸引眾人的注意，沒多久的時間就增加三千人，傳教的效率很好。也就因為教會成長迅速，讓當政者覺得倍感威脅，很快的逼迫臨到了他們，一位門徒司提反成了第一位殉道者，沒有經過任何審判被用石頭打死。耶路撒冷的教會大遭逼迫，除了幾位使徒以外，眾人暫時逃離，這也使得福音開始傳向各地。可見教會被迫害也是上帝的計劃之一，這樣才能將主的道，更迅速的傳向各地。

至於那些慘死的基督徒，會不會上天堂呢？這沒人敢保證！

公元六四年，羅馬城發生大火，一說是尼祿皇帝為了建新城而故意縱火燒掉舊城。尼祿皇帝將大火歸罪於基督徒，大大迫害基督徒。

後面幾個世紀教會也遭遇多次大逼迫，基督徒被火燒死，在競技場中被野獸吃掉，釘十字架等等。

這種面臨死亡卻又堅定信仰的態勢，不斷的在競技場中，在眾人的面前上演，反而使越來越多人佩服，基督教卻越來越興旺了。

這時候不得不停下來想一想，是被犧牲的基督徒偉大，還是神偉大？

十二位使徒（猶大背叛之後補選一位「保羅」）中只有約翰壽終正寢，其餘的都殉道而死。基督徒學習耶穌的榜樣，並不反抗。當人在患難時潛意識會釋放出堅強的求生意識，而這意識如果是集體式的話，其力量更強大，會感動更多的目擊者，再透過宗教教義讓這群信徒的「意識」歸向上帝，偶而再顯現一些小神蹟，信徒的人數當然與日俱增。

後來君士坦丁大帝歸信基督教，於公元三一三年頒布米蘭敕令，承認了基督教的合法地位。原因是君士坦丁大帝剛登基，位子還沒坐穩，二十萬叛軍就兵臨城下，夜裡君士坦丁夢見天際出現一具紅色的十字架，上頭刻著「靠此得勝」的大字，隔天起「十字架」就成為君士坦丁的軍隊旗徽，他以四萬步兵輕易擊潰二十萬叛軍，從此，君士坦丁掄起「十字旌旗」弭平所有反對勢力，最後將分裂的羅馬帝國再度統一起來。原本羅馬帝國境內就有不少人敬佩基督徒「犧牲」的勇氣，再加上給當政者最大利益的做法，才是擴張教會最有效的方法。

到了三八〇年，狄奧多西皇帝公布了一道諭旨，基督教正式成為羅馬帝國國教。結果帶來許多人不得不成為基督徒的氣氛，基督教正式成為天下第一大教。

我們再來看看世界第二大宗教，伊斯蘭教「伊斯蘭教」的發展過程。

伊斯蘭教的創始人穆罕默德中年時，時常在麥加的希拉山洞裡徹夜沉思。沉思會產生出某種意識，這種意識的力量引來了上帝使者加百列的注意。

西元六一〇年，當時四十歲的穆罕默德在沉思時，耳邊傳來大天使吉卜利里（加百列）的聲音，並帶來真主（造物主）的第一個啟示傳達給他：「你應當奉你的創造主的名義而宣讀，他曾用血塊創造人。你應當宣讀，你的主是最尊嚴的，他曾教人用筆寫字，他曾教人知道自己所不知道的東西。」並宣稱從此真主揀選了穆罕默德為真主的最後先知和使者。穆罕默德就在加百列的帶領下，將《古蘭經》讀誦出來。

而當時赫蒂徹的基督僧侶堂兄瓦拉格・本・瑙法爾也相信穆罕默德是耶穌預言的先知，約六一三年開始展開穆罕默德傳道的日子。

而按照上帝的劇本：有傳道，就會有迫害。穆罕默德所屬的氏族，古萊什族的人聽了他的話後，大多譏弄他，認為他瘋了，但也有一些成為他的追隨者。

當時皈依伊斯蘭的群體可以分為三大類：大商人的家族和子女、家道中落的家族、弱勢並未能得到保護的外國人，就是一些需要團結起來才有辦法生存的人。眾人團結起來，意識的力量將更加強大，所皈依的教徒也越來越多。當穆斯林越來越多時，麥加的權貴們認為伊斯蘭教的一神信仰威脅到了自己的統治和牟利。

這是因為當時克爾白天房內有三百六十個偶像，多數阿拉伯人崇拜這些偶像，麥加的貴族可以藉此謀取大額財富。尤其身為守護克爾白天房的古萊什族而言，穆罕默德的言行更是令他們感到反感，於是麥加的貴族們就企圖說服穆罕默德停止傳教，並且以金錢和名利，或者讓他與一些最富有的家庭通婚，以為這樣就可以讓先知穆罕默德放棄他的信仰、解散他的信徒、改變他的宗教。這都被先知穆罕默德嚴詞拒絕了。後來甚至有多神教徒試圖刺殺他。

而跟隨他的穆斯林也一再受到人身攻擊和財產掠奪。麥加的貴族開始殘酷迫害入教的穆斯林，麥加人的迫害，促使許多穆斯林因而死亡，但幾乎沒有一個人背叛或反悔。到底是教徒偉大？還是上帝偉大？如此忠心耿耿的一群人，上帝是把他們迎回天堂，還是再丟回輪迴系統呢？

一個高度文明需要一群愚忠的人嗎？接納這一群沒有超然智慧的靈魂，對於一個高度文明的發展沒有好處！可想而知天堂的門是不會為他們而開的。

六一五年，麥加的迫害情況越來越危險時，穆罕默德聽聞阿比西尼亞有個以公正善良聞名的基督徒國王，因而勸告一部分穆斯林到那裡去避難。

六二二年，當麥加貴族們決定刺殺他時，穆罕默德的追隨者建議他遷往離麥加三百二十公里遠的麥地那。

麥地那人希望穆罕默德可以統一他們，防止像六一八年麥地那內戰那樣的情況再度發生。六二二年至六二三年間，穆罕默德來自麥加的追隨者和麥地那附近的部落簽定了一項和平友好協議，建立了一個聯盟，這算是穆罕默德所擁有的第一個有軍事力量的組織。六二七年四月，一支一萬人的麥加軍隊開至麥地那。

麥地那的猶太人雖然參加了麥地那的聯盟，但他們不參加保護城市，而且他們還和入侵者串通，在入侵者入城後從後方攻擊穆斯林。

還有一些偽信者也叛變，打算在麥加軍進城後加以協助。但麥加的萬人軍隊卻無法越過麥地那城周的城壕。麥加軍撤走之後，城裡的穆斯林開始對他們的叛徒進行報復。尤其對城裡的猶太人的報復性懲罰：所有成年男人被殺。留下來的女人和孩童自然像貨物一樣被分配給各穆斯林。

到六二七年，穆罕默德已經統一了麥地那，城裡倖存的猶太人和基督徒都受穆斯林的保護。沙漠裡的貝都因人過去與穆斯林有過一些衝突，這時也已經與先知穆罕默德聯盟並接受了他的宗教。伊斯蘭教透過戰爭壯大自己的勢力。

六二八年三月，穆罕默德帶領一千六百名追隨者和平地進入麥加，試圖進行朝覲。然而麥加人將他們滯留在國境邊上，於是在數日後，穆罕默德與麥加當局簽訂了《侯德比耶和約》，希望雙方停止戰鬥，而穆斯林被允許於次年進入麥加。兩年後古來氏族違反停戰協定，但很快地他們就向穆罕默德投降。

穆罕默德宣佈特赦麥加人，並特別贈送禮物給統治階層。麥加克爾白裡的偶像和儀式壁畫全部都被清除一空。穆罕默德宣佈麥加是伊斯蘭教最神聖的地方，讓該地成為穆斯林朝覲的中心，他攻克了麥加。

穆罕默德在阿拉伯地區的其他活動使他最終統一了整個半島。

伊斯蘭教政權興起於阿拉伯半島時，北面是已經發展起來的強大的基督教世界（東羅馬帝國）希臘文化，東面則是擁有深厚波斯文化並以瑣羅亞斯德教為國教的波斯帝國，在伊斯蘭教不大可能和平發展的情況下，像歷史上大多的新生政權般，最終以戰爭手段進行自衛性擴張，先知穆罕默德所說的「聖戰」只有一部分是在教導弟子在對外戰爭上的道德限制，而更多是強調聖戰的修身作用（心向阿拉），在戰爭中、在共患難的危機中凝聚眾人的意識，透過教義與聖訓將眾人的意識歸向上帝。

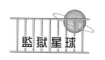

基、回兩教都有堅強的意識，卻又互相敵視。

基督教認為上帝乃聖父、聖子及聖靈三位一體之真神，猶太教與伊斯蘭教則否認這一項說法。事實上那不是重點，將焦點放在是否為三位一體是白做工；浪費精力與產生紛爭的。不如拉遠一點看，將這看做是一股統治地球的外星勢力為何？不管是否為三位一體或是角色扮演，這股外星勢力根本不會回答你，祂或祂們正樂得耍弄地球人。

別的不說，光是上帝所揀選的人就大不同。

猶太教與基督教都認為上帝揀選亞伯拉罕的二兒子以撒（亞伯拉罕與其妻撒拉所生，是以色列人的祖先），但《古蘭經》卻記載著上帝揀選亞伯拉罕的大兒子以實瑪利（亞伯拉罕與其妾夏甲所生，是阿拉伯人的祖先）。各位冷靜的想一下，大兒子是妾所生的，二兒子卻是妻所生的。到底是長幼有序該揀選大兒子，或忠於原配傳給二兒子？其實各有各的道理，我認為兩個都是上帝揀選的，以便造成後世信徒的紛爭。

猶太教認為耶穌是褻瀆者，伊斯蘭教則認為耶穌只是個使者，並非聖子真神，其地位還不如最大的使者先知穆罕默德呢！

你認為我的神不是神，我認為你的先知根本就是褻瀆者！沒完沒了的爭論只是造成紛爭與仇恨的原凶罷了。

西方世界因宗教而引起的戰爭，前前後後加起來長達數百年，其中夾雜著獨裁者及其政權的私人利益，長時間的爭戰所造成的人倫悲劇不勝枚舉。

廣大群眾悲慘的情緒不知上帝感受到了沒有？祂一手策畫所引起的紛爭可否滿足祂的欲望？只是末日未到，祂要享受的恐怕超越你我的想像。

一個本性良善的人為了尋求真理而去探訪各個宗教是好的，因這是人和動物最大的不同點。再則，當你每個宗教都相信時，就等同於每個宗教都不信。這樣就可避免落入某個宗教的集體意識裡，可避免某個偏激教派的殘忍行為。佛教和信上帝的宗教最大的差別不是在於吃素和不殺生，而是在於佛教並不強調信仰某個神，祂們強調的是「頓悟」與追求內心的平靜。不會為了某個神靈而去發動戰爭，或是委屈求全的犧牲。

真正頓悟的人不會為了要上天堂而去做好事或一些自我犧牲的事，而是內心平靜了；懂得放下一切；發揮靈魂本質上的慈悲，自然而然的做出良善的行為。

就算會下地獄，祂們也會做好事，「我不入地獄，誰入地獄」，就如同地藏王菩薩一樣。[2]

在歷史上，這信上帝的三個宗教都曾在歷史文化上輝煌過；都曾經以上帝之名打過不少勝戰；以作為宣教上的教材，但都不是永恆的。

給每個群體一些真理、神蹟與戰蹟，讓每個群體的群眾都自以為是真理，自以為是上帝所揀選的。互相爭論誰的教義才是真理，當群體之間有爭論就有了紛爭；有了紛爭就有了戰爭，當監獄裡的奴隸們將注意力集中在這些無意義的教義上時，便沒有餘力再去想背後更深層的真相。

這就是上帝想要的。

[2] 地藏王菩薩：佛經稱其為「安忍不動猶如大地，靜慮深密猶如地藏」，是說他如同大地一樣含藏著無數善根種子。依照佛教說法，地藏王受釋迦佛囑托，在釋迦寂滅而未來佛彌勒下世前的這段「無佛世界」裡，擔起教化天道、人道、阿修羅道、畜生道、餓鬼道、地獄道等六道眾生的重任。地藏王菩薩曾立下大誓願：「地獄未空，誓不成佛！」說是直到地獄撤空，再沒一個「罪鬼」受苦，自己才願成佛。中國佛教把他視為四大菩薩之一。

只有少數的人會放下這一切，想到要如何才能遠離紛擾；尋求平靜；不願再輪迴到這世上，妥善運用意識的力量逃離監獄。

你如問我要如何逃離這監獄星球呢?有具體一點的方法嗎?有簡單明瞭的說法嗎?可有其他的神靈或外星文明會幫助我們嗎?

老實說!我真的不曉得，因我也是這監獄的囚犯之一。我所能告訴你的是:有人曾經逃獄成功，那人後世稱之為佛陀!

第十一章

論悔改

基督教的「悔改」和佛家說的「懺悔」有何相異之處呢？可由他們所強調的，來看出他們的本質。我先將之分成兩大類別來看信上帝的基、回二教，及以超脫為最終目的的佛家，這兩大類。

教會的神職人員經常對信徒說：「你要悔改!!」那對於悔改的定義是什麼？要如何悔改呢？

《馬太》3:2 說道：「天國近了，你們應當悔改！」3:8 說：「要結出果子來，與悔改的心相稱。」3:11 說約翰是「用水施洗叫人悔改」。

在新約《聖經》原文裡，「悔改」這個字，是由「轉變」和「心」兩個字所組成的，它的意思是指「一個人心意的改變」，至於要改變到什麼程度是上帝決定的。

《路加福音》第十五章，有一浪子回頭的故事，可以讓我們知道《聖經》對於「悔改」的看法：這個浪子變賣了家產，遠離家鄉，結果把整個家產花盡了，生活潦倒，幾乎活不下去了，在最痛苦的時候，他想到了自己的家、想到了父親，他要「回家」！這浪子在理性、情感和意志上完全改變。

他不想在外漂泊，他想要一個安定溫暖的家。

就理性上來說，他發現了自己把父親交給他的家產任意揮霍並且用光了，這種紈褲子弟的行為是可恥的，他了解到他的行為是一種罪，知道自己犯錯了。

再由情感上來說明，《路加》15:18-19：「我要起來，到我父親那裡去，向他說：父親！我得罪了天，又得罪了你；從今以後，我不配稱為你的兒子，把我當作一個雇工吧！」

這句話，表明了他心中的憂傷與痛悔的情感。

最後改變了他的意志，《路加》15:20-21：「這個浪子真的付出了行動，於是起來，往他父親那裡去，說：父親！我得罪了天，又得罪了你；從今以後，我不配稱為你的兒子。」

他親口向他父親道了歉。

這段故事不能做為「悔改」的所有，因它只有兩個要點，「外面的世界」與「家裡」。這故事將人到了外面的世界，也就是神以外世界後，定義成「揮霍殆盡」；生活潦倒活不下去等等痛苦的情境，在神以外的的世界活不下去後，這個浪子！（這個飯桶！）唯一能想到的就是回到老家，父親那裡討生活。

這故事就在兩點之間說明了基督教對於「悔改」的基本定義，當你做了錯事，「悔改」就是要回到天父那去。

此外就是要公開認自己的罪，其對象當然是上帝——典型的二元對立思考模式。《馬太》3:5-6 說到，當時耶路撒冷和猶太全地，並約旦河一帶地方的人，聽到約翰呼喊：「天國近了，你們應當悔改！」都出去到約翰那裡，「承認」他們的罪，在約旦河裡受洗。

這兩節經文清楚指出，他們是以大聲呼喊的方式來公開承認自己的罪，來表示「悔改」。表明一個人的決心和勇氣，願意在眾人面前公開承認自己的罪。原因是「天國近了！」要逃避將來的忿怒，而對於「罪」本身的羞恥與厭惡，反倒成了次要的了。

《撒母耳下》11-12：一日，太陽平西，大衛從床上起來，在王宮的平頂上遊行，看見一個婦人沐浴，容貌甚美，大衛就差人打聽那婦人是誰。

有人說：她是以連的女兒，赫人烏利亞的妻拔示巴（耶穌的祖先大衛，看到拔示巴沐浴時的美貌，一時忍不住獸性，不管她已是人妻，還是急著派人去找她來）。

大衛差人去，將婦人接來；那時她的月經才得潔淨。她來了，大衛與她同房，她就回家去了。於是她懷了孕，打發人去告訴大衛說：我懷了孕。

（拔示巴懷了大衛的種，這更讓耶穌的祖先大衛起了殺心。）大衛召了烏利亞來，叫他在自己面前吃喝，使他喝醉。到了晚上，烏利亞出去與他主的僕人一同住宿，還沒有回到家裡去。次日早晨，大衛寫信與約押（烏利亞的長官），交烏利亞隨手帶去。信內寫著說：要派烏利亞前進，到陣勢極險之處，你們便退後，使他被殺。

（大衛來個借刀殺人，好一個天衣無縫的計劃，他真是耶穌的祖先啊！）

約押圍城的時候，知道敵人那裡有勇士，便將烏利亞派在那裡。城裡的人出來和約押打仗；大衛的僕人中有幾個被殺的，赫人烏利亞也死了。

（人命在大衛王的心中只是一顆棋子，為了遮他犯姦淫的醜，順便犧牲幾個不相干的僕人，他也毫不在乎，只有他的命才是命。這種想法和耶穌基督好像好像，只有祂被釘死在十字架上才叫偉大的犧牲，別人的犧牲跟祂沒得比。）

烏利亞的妻聽見丈夫烏利亞死了，就為他哀哭。

哀哭的日子過了，大衛差人將她接到宮裡，她就作了大衛的妻，給大衛生了一個兒子。（就是那犯姦淫所生的兒子。）

耶和華差遣拿單去見大衛。拿單對大衛說：你為什麼藐視耶和華的命令，行他眼中看為惡的事呢？你借亞捫人的刀殺害赫人烏利亞，又娶了他的妻為妻，所以刀劍必永不離開你的家。

大衛的詭計被拆穿後，惡人無膽，一時腿軟，對拿單說：我得罪耶和華了！拿單說：耶和華已經除掉你的罪，你必不至於死。

（大衛畢竟是耶穌的祖先，做任何事都會被原諒，反正耶和華說了算。）

《詩篇》51:4是大衛所寫的「悔罪詩」，他向神承認了自己的罪：「我向你犯罪，惟獨得罪了你；在你眼前行了這惡，以致你責備我的時候顯為公義，判斷我的時候顯為清正。」

（公義、清正是大衛自己講的，要是一般人犯了這罪，老早掛點了。這很明顯的是上帝的兩套標準。）

《詩》51:9求你掩面不看我的罪，塗抹我一切的罪孽。（大衛在耶和華眼中畢竟不是一般人，他還有利用價值。）

大衛犯了淫亂罪還有謀殺罪，在教義裡更是得罪了神，他必須在先知拿單和眾人面前向神公開認罪，求神赦罪。大衛悔改了，神也懲罰他了；也原諒他了。那無辜的人死了就算了嗎？反正在上帝的眼中，祂最重要，行祂旨意的人在眾人面前公開認罪，只是變相的榮耀祂。

自己看!!大衛王犯了如此嚴重的罪行，只有向耶和華認罪，才能得到赦免。基督教的悔改，終究還是繞著神打轉，如無神的赦免，悔改毫無意義。

那伊斯蘭教對於悔改的定義為何呢？

《古蘭經》提出了四種救贖的道路：信心、行為、悔改和前定。悔改只是上帝救贖計劃的一部分，少了這一部分，一樣，你無法進天國。

《古蘭經》3:195裡的基本看法是安拉可以簡單地抹去我們的罪，無需任何補償、抵罪或贖罪，但卻有一些罪是不得饒恕的，這包括故意謀殺信士（《古蘭經》4:93），其他故意傷害罪（《古蘭經》4:17；6:45），屢教不改罪（《古蘭經》3:135；4:18；5:95），背叛信仰（《古蘭經》9:83；18:57-58）和以物配主（《古蘭經》22:31）的大罪綜觀這些罪的源頭都是繞著上帝，祂個人打轉，但如你仔細了解這世上的惡行，和上述行為一樣可惡的罪行，安拉好像不是那麼痛惡。祂說有罪就有罪，祂說不赦免就不赦免，上帝的霸道心態可供人議論。

《古蘭經》3:133 提到：悔改是為了要得到安拉的慈恩，信士必須尋求它。悔過自新（《古蘭經》2:160），改變他或她的行為舉止（《古蘭經》3:135；5:39），順從安拉和穆罕默德（《古蘭經》3:31-32），還有行善事（《古蘭經》3:193）等等事項，結論就是「沒有透過上帝」就不叫悔改，那透過上帝就叫真悔改嗎？以前資訊不發達的時代，地球上很多地方及其人們根本無法接收到基、回兩教的教義，那嚴格算來他們就算有罪的嗎？

且透過安拉的悔改還有但書，如被強迫的悔改（《古蘭經》5:33），臨死前的悔改（《古蘭經》4:18）或在審判日來臨時的悔改（《古蘭經》23:106）是不被安拉接受的。

祂要你人生中的時時刻刻掛念著祂；讚美著祂；將心之意念永遠向著祂；當祂永世的奴僕。

穆罕默德說：「沒有真主的慈恩，沒有人能靠他的行為得救。」這一句話說穿了伊斯蘭教對於悔改的定義。

信上帝的宗教認為，有無真正的悔改是上帝決定的，人對於罪行之後的悔改，其因緣、過程不再是重點。那人在悔改的過程中所學習到的經驗與增長的智慧，在上帝的眼中也顯得微不足道了。如不將重點放在悔改過程中的經驗與智慧上面，反而將焦點放在上帝的憐憫上，如再讓你重新經歷一次，如在沒有上帝的監督之下，你內心靈魂的深處會怎麼做？統治地球的外星勢力，在其所設立的宗教經典上，刻意的將「悔改」這個行為膚淺化，祂們不想讓人的內心深處做出澈底的改變，以利於捕捉靈魂的輪迴系統有個施力點可以運作得更順暢。當一個人的靈魂沒有悔改，輪迴系統便會產生相同的幻像，當此靈魂再次遇到相同的「罪」時，其後續的行為模式將在輪迴系統的資料庫中被查閱，依著此靈魂在世時可能的行為模式，來設置各式陷阱將靈魂捕捉起來，再次丟回輪迴系統之中。就算他有悔改，卻是依著上帝悔改的，那輪迴系統要捕捉靈魂就更方便了，因此靈魂心向上帝，系統只要依循這靈魂在世時宗教給他的觀念，依著這些觀念產生的幻象來吸引靈魂即可。

那到底要不要悔改？想要擺脫監獄的束縛，避免靈魂被捕捉，仍然還是要悔改，這不單單只是行為的改變而已，而是內心深處的變化，也就是佛家說的「懺悔」，其行為模式稱之為「修懺」。

佛法對我們生命的現象，解釋生命就像無止境的水流，換句話說，我們不是今生才有生命。這個水流是從過去流到了現在，也會從現在流到未來。

這是一種靈魂不滅的說法，這個水流的背後事實上不是上帝來主導的。靈魂啟於意識，當靈魂被丟入輪迴系統中，在生生世世的生活中會產生各種的業力。

由於過去我們所造的業力在引導這個水流在三界六道裡面去作用種種的果報。既然我們生命的水流是受著業力的影響，在我們的生命當中，就會出現兩種情況。

罪業干擾我們的生命，這個罪業開始引導我們趨向於障礙，趨向於痛苦的時候，這個時候，我們就必須要修懺悔，來破除這種罪業的障礙，懺悔法門在佛教當中是被判做道前基礎。你不管是修學什麼樣的聖道，你念佛，止觀，或者是修種種的密法，在修道之前，你都必須要透過懺悔來破障。

就好像說你逃離這監獄星球，要逃離到輪迴系統無法運作的宇宙空間，但是你要上路之前，你必須知道是哪些事、哪些情感，牽絆住你的意念、你的靈魂，這些都是你要達到「超脫」上的障礙，你需將這些障礙都清理乾淨，才能真正超脫。

我們今天是從一個佛法的教理，來探討懺悔的內涵。首先我們把懺悔的名稱和意義從一個佛教的角度來說明，當然我們一般人說我做錯了事，我向你懺悔，但是這樣人與人之間的懺悔都是非常膚淺的。佛法的懺悔有一個比較深入的義理，我們先從佛法的角度解釋懺悔的意義。

懺悔這兩個字在原始的印度佛教，它本來的名稱叫做懺摩。把懺摩這兩個字翻成中文，它的意思叫做悔往。悔往就是說你過去已經造的殺盜淫妄的罪業。

那麼，現在你去回憶你過去的罪業，你感到深深的後悔，這叫做悔往。這個往就是往昔已經做了，悔表示後悔。這樣子的一個懺摩和悔往到了後代的佛教，就把它衍變成懺悔，就是把印度文字的第一個字跟中文的第一個字合起來，就叫做懺悔，就叫做梵華雙舉，是中文和梵文的和合。事實上，懺悔最初的字叫做懺摩。是這個意思。

準業疏云：取其意義謂不造新，懺謂止斷未來非，悔謂恥心於往犯。懺悔的意義，簡單的講，就是不造新罪。就是過去已經造做的，那就不提了，從現在開始，不再造做新的罪業，這樣子叫做懺悔。（如是信上帝的宗教，必追討他的罪，自父及子，直到三四代。）

就是你現在的生命，你開始去回憶過去所造的殺盜淫妄的罪業，你表示你的羞恥。表示羞恥的意思就是說假設你的生命再給你重來一次，你絕對不會造這個罪業了。悔字是觀察過去，那麼這個懺是發願未來。

懺是止斷未來非。內心當中生起一個堅定的誓願，你絕對不再造作了。當你能夠對過去的追悔、未來的發願，這樣子兩個內容的和合，就是成立了懺悔的意義。

在懺悔的當下，你要很堅定的告訴你自己，你不再造做了。假設你這個心念不能夠生起，那麼這個罪業是不會消失的，你靈魂的意念在同樣情況下，會有同樣的行為出現。那輪迴系統就會依尋這個「罪業」來造出一個幻象，因你會做出同樣的行為來，輪迴系統的電子捕捉器就依著你的行為（它由資料庫裡比對你在世時的行為模式）認定出你接下來可能的動作，由你接下來的可能行為來編出一些陷阱，來捕捉你，將你再度丟入六道輪迴當中。

經過輪迴系統再出生的人類是無知的，很容易受到環境的影響而造了殺盜淫妄的罪業，讓我們陷入罪的業力裡面。

這世上超過一半以上的國家，其貧民占了全國總人口數很大的比例。試想一下，你如果在惡劣的環境之下成長，想要求生存，必定得適應龍蛇雜處的生活型態，必須和一些邪惡的人打交道。如這些邪惡的人在上帝的幫助之下獲得了某些權力，如幫派老大或視財如命的企業家，無知的靈魂在這些惡人底下討生活，必定也必須尋求一些不是很道德的方法。有時日子苦悶久了，難免心生厭惡之氣，在怒氣難消之下必會生出許多暴戾之行為。

如再加上邪惡政權將整個國家社會搞得烏煙瘴氣，窮人想要翻身何其困難！當你一有翻身的機會或感覺，不管道不道德，你都會牢牢捉住。哪怕只是一時的享樂，很多人都會勇於嘗試，管它會不會造成遺憾！苦悶的日子令人心生困頓，對於是非對錯的判斷能力，已蕩然無存，只想找個情緒出口。

當上帝將人放入如此的環境當中……請不要假道學!!有時這些罪是上帝逼我們造成的。上帝逼人入罪，卻又自視無罪，實是可恨！

假設我們已經不幸造了很多很多殺盜淫妄的罪業，那佛法可有解決之道供我們參考？

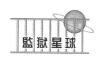

懺悔法門在修道當中，扮演的是一種破壞的角色。就是你本來已經有的罪業，要把它消滅。重點是應該用什麼樣的心態，這個罪業才會消失掉呢？

所謂一切法因緣生，今天沒有掌控正確的因緣，也就是來龍去脈，你雖然修懺，但卻不知或無法弄懂真正原因為何，只能夠對罪業之事產生遺憾及悔恨，無法由內向外探討更深層的真相，不論再如何修懺，其結果都是膚淺的。再重來一次，因你內心困頓無法壓抑自己的情緒，你還是會做同樣一件事出來。

所以，不管你今天拜什麼懺法，你內心當中要具足兩個心態。

第一個，恥心於往犯。你對於過去已經造作的罪業表示你的追悔。不要把焦點放在「會得到什麼報應」這個念頭上，而是生為一個文明的靈魂怎麼會有如此的行為出現，是內心不平靜造成的？還是一時失控造成的？還是你內在人格所產生的行為造成的？先別急著否認，要認清真相才能避免重蹈覆徹。將「罪」看成是上帝設下的圈套，要對於這個「罪」有著完全的悔悟，當你下次再遇見相同的情況時，你才會本能反應地避開它。就像一名孩子被熱茶壺給燙著了，下次再看到滾燙的茶壺自然避而遠之。

第二個，止斷未來非。你對於未來的生命發願永不再造作，這個對未來的發願很重要。

內心當中具足了對過去罪業的呵責，對未來生命的發願，那麼你就能夠念念之間去消滅你已經累積的罪業了。它再也不是罪了，而是你人生和靈魂的一段經歷，藉由了解這罪的產生過程，你增長了一些經驗與智慧。因為你已經掌控一個滅罪的因緣，既識起因，能感後習。

佛法的修行都要掌控一個生起和幻滅的因緣，就是你要消滅這個東西，你要先找到它是怎麼生起的，它生起的因緣在哪裡。

所以，我們應該先明白罪業生起的因緣。因著了解與學習的過程中而增長出來的智慧，在未來的生命當中，在靈魂前往「超脫」的路途上減少落入圈套的可能性。

那要如何才能知道我們的懺悔是有效的，是真正的懺悔呢？這其實也沒有一個絕對。佛家所說的一個概念，可供我們參考：

或覺心神恬曠；或覺智慧頓開；或處冗沓而觸念皆通；或遇怨仇而回嗔作喜；或夢吐黑物；或夢往聖先賢，提攜接引；或夢飛步太虛；或夢幢幡寶蓋（有八種情況），種種勝事，皆過消滅之象也。你只要具足了一種就表示你的懺悔達到了效果。

或覺心神恬曠：在修懺之前你的內心是悶悶不樂的，經過你的修懺以後，你覺得你的心情突然開朗，不再鬱悶，這就是判定你的懺悔是有效的。

再仔細地體會其過程，增長了心情從沉悶變成恬曠的經驗，這經驗對你來說是一段故事，你親身體驗過的，你最了解這故事，無形中增長了你的智慧。

或覺智慧頓開：通常人們聽經，怎麼聽就是聽不懂。此時人們內心與「法」之間就有一層隔礙障住。在經過懺悔，再去聽法師說法，忽覺法喜充滿，經文內容及要義，心領神會，你的內心深處——「靈魂」提升到另一層次，這個智慧頓開也是罪業消滅之相。

或處冗沓而觸念皆通：我們在整個繁忙的人事當中，是左右逢源，什麼事情，事事順利，沒有障礙。因跳脫了上帝所設下的陷阱，控制地球的輪迴系統所派出的邪靈暫時捉不住你；此時的你是躦出吸引力法則的漏網之魚，不再受到此系統的牽絆，你行的事沒有邪靈來當你的絆腳石，事情自然間就會很順利。

或遇怨仇而回嗔作喜：怨家路窄不期而遇，但是因為你的懺悔發揮了效用，他看到你不但不生氣，反而船過水無痕，仇恨自然化解。

有時人與人之間的仇恨是外力使然，上帝降撒旦於地球上，當魔鬼撒旦一旦進如人的內心，產生的微小變化使人因一些小事件而產生大磨擦，進而產生仇恨，產生了一些不道德的行為，就像十二使徒中背叛耶穌的猶大一樣，猶大有時不願出賣耶穌，但只要撒旦進入他的心，使他的內心產生變化，他便狠下心來出賣耶穌。由此可知，這個控制地球的輪迴系統，是可藉由一些邪靈來侵入人心，使人內心產生仇恨，互相敵視。

當你藉由佛法來有效的懺悔，這個控制地球的系統，會突然間找不到施力點，那你和仇人之間那莫名其妙、微不足道的仇恨就煙消雲散了。

或夢吐黑物：如在夢中夢到吐出黑色的髒東西，就是在潛意識裡表達出「罪惡已排除」之含意。這個都是罪滅之相，表示你的懺悔有成效。

或夢往聖先賢，提攜接引：當你夢見古聖先賢時，那就表示你內心的頻率與之相近。邪靈所產生的阻礙沒了，你的身心狀態更接近這一些古聖與先賢了。

或夢飛步太虛：這有點像是「超脫」的狀態，不再受到地心引力的束縛，輕快的飛翔在浩瀚的宇宙間。地心引力對人類高度文明的發展不一定是好的。我們經常看到一些科技較發達的國家建造一些太空船，將人送往太空。其主要目的並不是要宣揚國威或太空漫步，而是做一些實驗。

很多的物理及化學實驗，經由理論推斷是可行的，但在地球上實際做實驗卻做不出來。如將這實驗搬到太空中進行，沒了地心引力的直接影響，只要理論正確，多半都可實驗成功。如一些化學合成物，理論上是可合成出來的，但實際進入實驗操作卻合成不出來。如將這實驗放入太空中，將地心引力之影響減到最小，化學合成物在理智的推論下便可合成出來。地心引力會扭曲一些科學上合理的推論，它會扭曲一些真理。

統治地球的外星勢力，會將靈魂放入肉體裡，再由地心引力將人的靈魂與肉體一起鎖在地球上。這些必有其邪惡目的與道理，地心引力只是其中一招。

當你可以像佛陀一樣擺脫地心引力與輪迴系統的束縛，便如同「飛步太虛」一般，遨遊在浩瀚的宇宙中。以此可推論，當你行的修懺有效果時，你的頻率會更接進「超脫」狀態，所以偶然會在夢中進入這種自由自在、無拘無束的狀態。

或夢幢幡寶蓋：夢見宇宙中其他高度文明的華麗景像。當你的頻率越接近超脫狀態時，你的靈魂本體離美好的高度文明也越接近，所以偶而會夢見這些高度文明的像貌。當你夢見「幢幡寶蓋」時，也就代表著你的修懺是有效果的。

這兩大類思想的本質，在觀念上的差異：

佛教：了解本質，因悔悟不再犯罪，了解這過程而累積一些經驗，學習這經驗而增長了智慧。只要有一項頓悟就算有消障除罪的效果了。

反觀基、回兩教，悔改了半天，只要有一點遺漏了或沒想到，就算有罪，必須懇求上帝，我們的罪才可獲得赦免。

這就可以看出此宗教教義的本質是寬容或是狹隘了。佛家的懺悔是自身內心的改變，不是因為「天國近了」害怕責罰，不是為求上帝的赦免，不是因一切外在因素而做出悔改，而是靈魂內心的和諧與平靜，真正懺悔後的靈魂其對內、對外都是平和的，當和諧的人數目增加時，我們所屬的社會不再需要將精力、腦力放在鬥爭上，可以更全心全意的發展出美好的文明。因為「罪」是不和諧的原因之一，一群靈魂在不和諧的環境中生長，必無法發展出高度文明。

基、回兩教：上帝只是統治地球的這股外星勢力的代名詞，祂或祂們根本不是統治宇宙的主，就算《聖經》或《古蘭經》，也沒有星際宇宙的概念。

這些經典只有世界，就是只有地球觀，只是後世的信徒與宗教組織將其字面上的意思無限上綱為全宇宙的主。

祂們給我們的觀念就是「人皆有罪」而降世於地球上，上帝無罪，比地球人高尚，可治人罪也可赦免人的罪。悔改與赦免是依著上帝，而不依著上帝，就算你永不再犯，悔改也無用。你因悔改而增長出來的智慧，在上帝心中是不討喜的，因祂不喜人太有智慧，就算有，心也要向著祂才行。罪與無罪都繞著祂打轉，產生不出超然的智慧。上帝厭惡自由自在「超脫」的智慧，因地球是祂所建立的監獄星球。

第十二章

結論

之前的文章裡，長篇大論的敘述統治地球的神明；上帝的本質及可能的計劃與目的。但大部分的人是懂得知恩圖報的，要他們承認曾經幫助過他們的神是邪的，實在有點不合人情。更何況當人內心軟弱時，會習慣性的寄情於宗教信仰，如沒有信仰的支持，有些人根本無法生活。

軟弱時的人類需要藉由宗教信仰，來互相取暖。那如何使人聚集在一塊且有共同信仰呢？除了教條與《聖經》外，最常用的方法就是互相作見證。

主耶穌應許信徒必得到的：「但聖靈降臨在你們身上，你們就必得著能力，並要在耶路撒冷、猶太全地，和撒瑪利亞，直到地極，作我的見證。」

假如一位信徒沒能力沒智慧作見證，那就表示他還未受聖靈。就因為此為面子問題，大家拼了老命從日常瑣碎的事物中掰出一些「見證」。

當聽見眾多人和自己都同一個鼻孔出氣時，對神的認同感自然會增加，此時宗教團體裡的人就會陷入一個自欺欺人的旋渦當中。

教會的人總是做一些自以為是的見證，敘述「聖靈」如何的幫助他們。

耶穌曾說過：「干犯人子的，還可以得到赦免，唯獨干犯聖靈的，今世、來世總不得赦免。」可見這個「聖靈」真的扮演很重要的角色，祂似乎是最後一道防線。如果你看清了聖靈的運作邏輯，你也同時看清了各宗教背後的真面目。

聖靈事實上是扮演「邪靈操盤手」的角色，一下子操作邪靈折磨人；一下子又扮演聖靈幫助人。這「惡魔」與「保惠師」之間的關係，純粹只是角色扮演的問題而已。上帝如此設計的精髓在於「端看你信還是不信」。如果被邪靈所侵擾，不明事理的人們不斷的向主耶穌、基督教和伊斯蘭教的神禱告，或許這個「聖靈」會放你一馬，讓你以為是聖靈幫助了你，孰不知侵擾你的和幫助你的實際上是同一股勢力，就像上帝與撒旦來自同一個地方一樣。

這些事本質上就是一種唱雙簧的手法，一種二元對立的思考模式。當你因被邪靈給嚇壞了，而去投靠主，那你人生的結論就產生了，當這結果或結論產生時，你就停止了思考！而「真相」……上帝這股外星文明的本質，就不會再去探討，你的人生就會去不斷的讚美這侵擾你和欺騙你的神。

上帝將我們的靈魂裝在這肉身的軀殼裡，再用地心引力將這些軀殼限制在地表，建構出這一監獄星球。

只有極少數如同佛陀這樣的靈可逃離這監獄，大部分的靈魂仍必須進入「輪迴系統」任人宰割。那佛陀不是有留下許多經典，可供人學習嗎？

為何能超脫的靈魂少到感覺不出來？是佛陀的方法只適合少數人？或佛經隨著時代、地域受到某種程度的篡改？畢竟統治地球的這股外星勢力並不是笨蛋，祂們可透過自以為是的大師或神棍，一點一滴的加油添醋，「修正」或「扭曲」佛經的內容。隨著時間的改變，地域的隔閡，使得超脫之法改變不少。

但也有可能經由某位真正有智慧的大師之參悟，而給了超脫之法更多元化的樣貌。目前的佛教，有三個主要的派別，分別是上座部佛教（又稱南傳佛教、聲聞乘、小乘佛教）、大乘佛教（又稱北傳佛教、漢傳佛教），以及密乘佛教（又稱金剛乘、藏傳佛教）。這三個大的派別之下，又分成眾多的各種宗派。

宗派或派別是指佛教作為一種思想或組織，當發展到了一定程度後，所不可避免地分化出的各種各樣的派別。佛家思想並不霸道，它是有包容性的宗教。隨著兩千多年的傳播與發展，由於後人對佛法理解上、闡釋上的不同，以及佛教本身為了適應新的環境，或被有心人刻意的扭曲，而在教理、教義、教規上作出的主動或被動的調整。

佛經總類繁多，在每個不同的世代或地方都被修改過。有很多並非原本佛陀思想的知識與方法，會因某時代的某位大師的參悟而自成一派，並將其參悟之道匯整成書，這類的書也被稱作佛經。但這並沒有對或錯的問題，佛教是可以被挑戰的宗教；對於思想是有包容性的，不過也造成一些學習上的困擾。

道家的經典也有相同的問題，《道德經》的版本有多種，傅本、河本、想本、王本、今本、郭店楚簡本、馬王堆漢墓本等不同年代王公貴族隨葬的《道德經》版本。

但只要抓住一個重點，就是不要陷入二元對立的思考邏輯當中，因「二元對立」是這座監獄的基本架構。

事實上，二元對立這種思考邏輯普遍地存在於地球的各個宗教裡面：

我拜你 VS. 你保祐我；

信徒 VS. 神明；

祝福 VS. 詛咒；

有緣 VS. 無緣；

敬神 VS. 怨神；

盼望 VS. 失望；

許願 VS. 還願。

大梵天王四面佛，是創造之神，也就是印度教裡類似上帝的角色，東南亞信徒最多的神祇之一，號稱「有求必應」。對於有緣人，祂必祝福你達成願望。但切記！要記得還願，否則祂必詛咒你，輕則運衰；重則身體殘缺命喪黃泉。

以上的傳言是眾信徒長久以來對四面佛所下的結論。各位！四面佛是什麼樣的靈魂？對人施與恩惠就念念不忘，祂是有寬容心的嗎？還是又一個喜於利益交換、心胸狹窄的邪神？仗著自己有點神力，來到地球聚集一些信徒，享受著信徒虔誠的禱告與讚美。

沒有寬容心的神不可能慈悲。

四面佛號稱「有求必應」!?那如果沒應呢？那就是你和四面佛無緣，祂不想、不能幫你，你能耐祂如何!?

這個靈魂來到地球做的可不是有去無回的慈善事業，祂行的是有來有去的事，整個四面佛的崇拜與信仰，就是建構在二元對立的思考邏輯當中。

如你現在信仰的是這種「神」、這種「宗教」的話，如果祂願意保佑你，那只能恭喜你！如還是一事無成，那就該醒過來了，不要再迷信。

現代社會有很多沒有特定宗教信仰的修行團體，也可作為「佛家」或「道家」以外的參考。其有關於潛能開發與改善生活的課程，可作為參考，可當作知識或方法來學習。

如，最有名的山達基教會：

山達基（英語：Scientology）是一套信仰與修行活動的體系及宗教，是由L・羅恩・賀伯特所創立。山達基始於一九五二年，前身是賀伯特更早期的一套自我幫助的系統——戴尼提，為宣傳教義。

山達基可定義為「靈魂與自我、眾宇宙及其他生命間關係之研究與處理」，我就用這有名的例子，用「試試看」的心態。

山達基一項在西方世界飽受爭論之處，在於其相信輪迴轉世，而且在靈魂生活在地球之前，曾經在別的星球、別的世界上生活過，只是不知為何原因被傾倒在這地球上來（西方人長期信仰基、回二教，比較沒有輪迴的概念）。

這與佛家說的「大千世界」概念不謀而合。而信上帝的宗教對於「輪迴轉世」的概念隻字不提，唯恐更多人意識到自己身陷「監獄星球」當中。

另一個山達基人飽受爭議的信念在於，他們相信精神科的施行手段深具破壞性，並且已被濫用，因而這些施行手段必須被廢止。

山達基教導人們，人是不朽的精神個體，而此個體已經忘卻了他自己真正的本質[1]。山達基恢復靈性本質的方法，是某種形式的諮商，被稱為聽析。從事聽析的參與者，其目的在於意識清醒地重新經歷他們過去的痛苦或受傷的事件，以便讓他們從那些事件有限的影響中釋放出來。

將「痛苦或受傷的事件」看成你的對手，因瞭解它而不被它所影響，這就是知己知彼，百戰百勝。

部分戴尼提的使用者回報了他們的一些經驗，而這些經驗他們相信是屬於前世的經驗，也就相信了「靈魂」及「輪迴轉世」的存在。

---

[1] 這有點像是東方文化裡的輪迴概念，當你要投胎來到世間時，地獄的使者會要求你喝下一碗「孟婆湯」，那你就會忘記過去的一切。

輪迴轉世這項概念在東方流傳已久，早已變成東方文化信仰的一部分，但在一九五一年早期的美國，這概念還是屬於異教徒的學說，這當然會在戴尼提內部掀起了激烈的辯論。

坎培爾與溫特，這兩位仍然希望醫療團體能夠支持戴尼提，因而主張禁絕轉世這項議題。然而賀伯特認真看待這些前世事件的報告，並假設希坦（thetan）是存在的。希坦是一個類似靈魂的概念。這是導致非宗教性的戴尼提，演變到山達基宗教的重要的因素。

姑且不論「戴尼提」裡面的方法有沒有效，停下來想一下！對照佛家說的人的身體只是一具皮囊。那假如上帝在我們一出生時就給了我們一具神經系統受損的身體呢？而這受損的神經系統可導致我們智商受損；產生幻聽或幻覺等等發瘋的現象。

當我們意識到自個兒靈魂的本體時，我們可以發覺「正常靈魂」與「神經系統受損的身體」之間的差別。那接下來問題就可以很明瞭了。

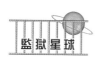

是靈魂控制身體？或身體控制靈魂？當我們神經系統正常時當然不需考慮這問題。但當一位神經系統有受損的病人，是否可藉由某種方法來讓靈魂控制身體，以治好一些失控的狀況？

我們再來看看《聖經》上是如何描述精神病患的：《但以理書》4:30-37說，這大巴比倫不是我用大能大力建為京都，要顯我威嚴的榮耀嗎？（尼布甲尼撒因他個人的功績而誇口炫耀，這顯然觸怒了耶和華。）

這話在王口中尚未說完，有聲音從天降下，說，尼布甲尼撒王啊，有話對你說，你的國位離開你了：你必被趕出離開世人，與野地的獸同居，吃草如牛，且要經過七期；等你知道至高者在人的國中掌權，要將國賜與誰，就賜與誰。當時這話就應驗在尼布甲尼撒的身上，他被趕出離開世人，吃草如牛，身被天露滴濕，頭髮長長，好像鷹毛；指甲長長，如同鳥爪。（各位看到了嗎？上帝使出了一些外在的招數和技巧就可使一個正常人完全顛狂，請注意！尼布甲尼撒王本身不是個顛狂之人）。

一直到日子滿足，我——尼布甲尼撒舉目望天，我的聰明復歸於我，我便稱頌至高者，讚美尊敬活到永遠的神。他的權柄是永有的；他的國存到萬代。（上帝將尼布甲尼撒王虐待夠了，就讓他回復正常，畢竟尼布甲尼撒王還是會讚美神的人，他是一國之君，一位很有利用價值的宣傳品。）

世上所有的居民都算為虛無；在天上的萬軍和世上的居民中，他都憑自己的意旨行事。無人能攔住他手，或問他說，你作什麼呢？

（上帝在古人的心中算很厲害的，人們無權反抗，只能任由宰割。）

那時，我的聰明復歸於我，為我國的榮耀、威嚴，和光耀也都復歸於我；並且我的謀士和大臣也來朝見我。我又得堅立在國位上，至大的權柄加增於我。

（尼布甲尼撒不再發瘋後，又得到了王權。他又被權力給衝昏頭了，導致他沒意識到侵擾他的和幫助他的實際上是同一股勢力。）

現在我——尼布甲尼撒讚美、尊崇、恭敬天上的王；因為他所作的全都誠實，他所行的也都公平。那行動驕傲的，他能降為卑。

耶和華坐著為王，直到永遠，祂是全地的主，祂要興起誰，誰就被高舉。他叫有權柄的失位，叫卑賤的升高；一切的權柄都在祂的手中，祂要給誰就給誰。……

神要你瘋你就瘋，因一切的權柄都在祂的手中！清楚了嗎？

由以上經文可知，「發瘋」是外在的，當一名病患搞不清楚，靈魂內在與肉體外在的差別時，他就會照神施於他的而行。

而山達基教則點出一項重點：人是不朽的精神個體，山達基正運用他們自己的方法來恢復靈性本質。不論山達基之法效果如何，至少他們有考量到「靈魂本體」，現代醫學似乎不太去瞭解「靈魂」這樣的狀態，或是根本不去承認有「靈魂」的存在。那治療精神疾病只能由外在的肉體下手，而忽略了「靈魂本體」。

當然治療效果也就大打折扣了。

像山達基這種團體在宗教自由的國家裡，其言論是受到保障的，得以在現在社會中百花齊放，給了我們很多的選擇與學習機會。

但千萬不要崇拜個人，以免阻礙你學習更多其他潛能開發方法的可能性。當這團體宣稱他們是唯一真理時，就是你離開的時候。學習好方法與知識，才是你的目的。就算你在某團體所學的方法不太有效，知識不太有智慧，你也可以將之放在心裡，作個參考。

「佛家」或「道家」的這種修身養性之法，與近代的「潛能開發」議題事實上是一體兩面的東西，差別在於佛陀與老子意識到「天地不仁」，而一般坊間關於「潛能開發」團體則將重點放在腦力開發上。一般定義為「第五層次開發」。人的第一層次開發是「知識更新」；第二層次開發是「技能開拓」；第三層次開發是「思維創新」；第四層次開發是「觀念轉變」。有些會深入到靈魂層面，有些則否。

各有各的技巧，效果各異。但它們的焦點太過狹隘，沒有認知到大環境的變化是可以影響每個人的。如果它們的方法真的會開發人類深層的潛能，並可有效的讓更多人使用與學習，那必有些人可感受到靈魂本體智慧與肉體智商之間的差異性，再進階點，或許可像佛陀或老子那樣感受到這世界的真相。

這當然不是上帝；統治地球的這股外星勢力所樂見的。當這種團體可以像山達基教一樣成功時，必會招受主流媒體無情的攻擊。甚至團體中會有一些老鼠屎作出一些邪惡的行為，以讓部分媒體捉到把柄，來敗壞整個教會或團體的名聲。

這整件事請放遠一點看，統治地球的這股外星勢力不願讓地球人感受到祂們的本意——就是要奴役地球人。

因奴隸就算被虐待也不知反抗，還以為這是天父給他們的考驗，孰不知考驗過後又如何？一切都毫無意義，死後只是再進入「輪迴系統」當中，等待再一次的出生當奴隸。這可真是虐待人啊!!天父依祂的本性來造人，想當然，不會太好，不會太強壯，不太容易維持健康。這樣將靈魂裝在身體裡，好日子自然不多。

有些人的身體看似強壯，其實則不。人的身體一到了太空，如沒穿太空衣，就會因身體的內壓沒有外在的壓力平衡而爆炸，這大大的增加了人類文明向外太空發展的困難度。

溫度差如超過二十度C時，人如沒有外在衣物的調節，是承受不住的，一般人不到一天的時間內就會生病。因人類的身體內會有一些不同種類的病毒，當免疫系統正常運作時，人的抵抗力夠，是不會發作的。但如在赤身裸體的狀態下，溫度急降二十度C，不到二十四小時之內，免疫系統運作必受影響，當我們的抵抗力降低時，這時隱藏在我們體內的病毒就會發作，使我們生病。二十度C的溫度變化在太空物理學裡是很微小的變化，大部分的物質都不會產生太大的影響。而人類的身體光是這微小的變化就承受不住了，上帝真的將人體造得很弱。

另外，人的血液系統是無菌的，只要有一些小小的細菌進入人的血液系統時，就會大大的威脅我們的生命。

地球上所有的動物，平均而論，人的抵抗力是最低的。

上帝、耶穌為代表的這一股外星勢力，把人製造得如此脆弱，其目的就是要虐待人。或者是應該有另一種說法，上帝、耶穌為代表的這一股外星勢力，其目的就是想要虐待人（大部分），把人製造得如此脆弱只是其中之一的方法。

在虐待人的過程之中，再透過教會的教導要求我們在苦痛時讚美祂，要時時感到喜樂，因為有祂而喜樂。

各位!!請將你們的意識型態拿掉，仔細的看看這道理，祂要虐待人，同時又要人喜樂；又要人讚美祂。

請各位想想，如果祂不是神，而是一個人的話，那我們會怎麼稱呼這種人呢？

如果你找不到什麼優雅的形容詞的話，我想大部分的人都會以「變態」來形容這種人。

那為什麼冠上宗教大名，冠上神的名號之後，卻沒人敢稱呼這種靈、這種神叫「變態」呢？

原因只是無知的靈魂屈服於權威之下而已。

《出埃及記》第十六章

一、以色列全會眾從以琳起行，在出埃及後第二個月十五日到了以琳和西乃中間、汎的曠野。

二、以色列全會眾在曠野向摩西、亞倫發怨言。

三、說：巴不得我們早死在埃及地、耶和華的手下；那時我們坐在肉鍋旁邊，吃得飽足。你們將我們領出來，到這曠野，是要叫這全會眾都餓死啊！

四、耶和華對摩西說：我要將糧食從天降給你們。百姓可以出去，每天收每天的分，我好試驗他們遵不遵我的法度。

十三、到了晚上，有鵪鶉飛來，遮滿了營；早晨在營四圍的地上有露水。

十四、露水上升之後，不料，野地面上有如白霜的小圓物。

十五、以色列人看見，不知道是什麼，就彼此對問說：這是什麼呢？摩西對他們說：這就是耶和華給你們吃的食物。

三十一、這食物，以色列家叫嗎哪；樣子像芫荽子，顏色是白的，滋味如同攙蜜的薄餅。

三十五、以色列人吃嗎哪共四十年，（在曠野中流浪了四十年）直到進了有人居住之地，就是迦南的境界。

摩西將他們所行經的乾燥不毛之地稱為「大而可怕的曠野」，一個人的歲月能有幾年？這些以色列人的苦悶，上帝感覺不到嗎？或是祂享受得還不夠？

邪神總是叫人等，一旦要是不耐煩了，發出怨言；違反了嚴苛的戒命時，祂可有理由殺你了！

《民數記》十四章以色列眾發怨言者必死於曠野

耶和華對摩西、亞倫說：這惡會眾向我發怨言，我忍耐他們要到幾時呢？以色列人向我所發的怨言，我都聽見了。

你們告訴他們：耶和華說：我指著我的永生起誓：我必要照你們達到我耳中的話待你們。

你們的屍首必倒在這曠野，並且你們中間凡被數點，從二十歲以外，向我發怨言的，必不得進我起誓應許叫你們住的那地。

所以，當摩西和祭司以利亞撒再次清點以色列的人數時，當年和摩西一起出埃及的人，幾乎全死光了!!

《民數記》二十六章

六十三、這些就是被摩西和祭司以利亞撒所數的、他們在摩押平原、與耶利哥相對的約但河邊、數點以色列人。

六十四、但被數的人中，沒有一個是摩西和祭司亞倫從前在西乃的曠野所數的以色列人。

六十五、因為耶和華論到他們說：他們必要死在曠野。所以，除了耶孚尼的兒子迦勒和嫩的兒子約書亞以外，連一個人也沒有存留。

一大群信徒跟著一個邪神，忍受四十年曠野中的流浪生活，那可真是虐待人啊！說一些怨言，發洩一些情緒，很合理吧!?但卻被上帝當成小辮子捉。

耶和華（阿拉）以此為理由大開殺戒，這群信徒最後的下場是一無所有的死去，上帝毫不在乎!!相同的思考方式也可擴及到其他神祇。

當你信仰一位神很久，並且也對祂做出奉獻，卻不見祂有給你任何實際幫助，不要懷疑，祂必定是你的邪神；你的絆腳石。

就算祂一開始有給你一些轉機，如長時間沒什麼重要改變，此時的你不要再浪費時間了！趕快離開！但大部分的信徒都會沉溺在神一開始給我們一點小幫忙的那一刻（如：給信徒嗎哪吃）。認為長時間的等待，是神給我們的考驗。

祂會再幫我們一次，或是祂會保祐我們的種種一廂情願；自欺欺人的想法，說穿了就是人的軟弱，軟弱的人生活在這監獄星球裡，需要依靠，需要心靈的寄託。於是他們就不斷的盼望；也不斷的失望。

邪神耶和華一開始也給了以色列人一些轉機，帶他們離開奴隸生活。但卻領他們入曠野，過著和奴隸一樣辛苦的生活。如這些人因長時間的等待，不耐煩了；發怨言了；違反些許的戒命了，被邪神抓到小辮子了！祂以此為理由向你發怒；讓你的生活悲慘；甚至於要了你的命！

那什麼樣的人才會得到邪神的保祐呢？看看摩西、以利亞撒等等經過曠野考驗而活著的人，他們對耶和華是有利用價值的。

你如果對邪神沒有利用價值，死就死吧！沒神在乎！

其理由是微不足道的；是雞毛蒜皮的；可能只是一般人的自然反應，怨恨、苦悶、感嘆、發牢騷等等。如果這些都沒有，那神要如何治你罪呢？

人是有智慧的生物，所謂的路不轉，人轉，一群人苦悶久了總會有別的想法吧！有別的想法就有別的辦法；想出了辦法就想試試，但《申命記》第六章所寫的——

你們不可試探耶和華——你們的神，像你們在瑪撒那樣試探他。……

這樣也有罪啦!? 豈有此理！

科技、哲學與藝術越發達，人懂得越多，體會得越多，越會質疑上帝所說的話，祂最怕的就是被試探，地球文明的進步對上帝來說是威脅！

人類的文明如沒有上帝的阻礙，必發展得更快。但文明的發展再如何緩慢，經年累月後也可發展到一定的程度。當民智大開之日，就是監獄星球瓦解之時。統治地球的外星勢力也必知道民智大開是文明發展到後來必然的結果。所以上帝老早就計劃好了，核能及核子原料的濫用，再搭配一些邪惡政權不負責任的政策方向，讓全球潛藏在一個無法長治久安的狀態中；一個可讓人類文明回到石器時代的「逆文明」狀態中。

《聖經》是上帝的經典，就算刻意的強調祂是慈愛的，但在處理一些事情上仍然可看出祂的本性。

《羅馬書》13:11 在上有權柄的，人人當順服他，因為沒有權柄不是出於神的。凡掌權的都是神所命的。包括世上濫用核原料的邪惡政權，也是上帝的扶持之下才掌權的。這是祂「末世計劃」中早就安排好的。

沒有慈愛，沒有憐憫，因慈愛與憐憫不是上帝的本性。祂建立這座監獄星球，只是想奴役地球上的靈魂。祂將大部分的地球人讓少部分壞人所建立的邪惡政權或血汗企業家所統治與支配。給我們繁忙的生活、無形或有形的壓力；給人病痛、突發的意外造成終生的遺憾，這一切的一切都是要虐待人啊！

當人們的情緒起了波瀾，卻又要讚美，不論其背後目的是什麼，有什好處，這些都不太確定，但可以確定的是這符合上帝的個性。

祂讓我們將注意力集中在日常生活中無意義的事物上，當我們這麼做時就無暇質疑祂那變態的本質。

國家圖書館出版品預行編目資料

監獄星球／言瑞著. -- 初版.-- 臺中市：白象文化，2015.12
面； 公分.——（信念；23）
ISBN 978-986-358-251-9（平裝）
1. 言論集
078 104019155

信念（23）

監獄星球

作　　者　言瑞
校　　對　言瑞、雯子
封面設計　黃英婷
特約美編　陳秋蓉
專案主編　吳適意
出版編印　吳適意、林榮威、林孟侃、陳逸儒、黃麗穎
設計創意　張禮南、何佳諠
經銷推廣　李莉吟、莊博亞、劉育姍、李如玉
經紀企劃　張輝潭、洪怡欣、徐錦淳、黃姿虹
營運管理　林金郎、曾千熏
發 行 人　張輝潭
出版發行　白象文化事業有限公司
412台中市大里區科技路1號8樓之2（台中軟體園區）
出版專線：（04）2496-5995　傳真：（04）2496-9901
401台中市東區和平街228巷44號（經銷部）
購書專線：（04）2220-8589　傳真：（04）2220-8505
印　　刷　基盛印刷工場
初版一刷　2015年12月
初版二刷　2019年9月
定　　價　250元